Knaur
MensSana

Über die Autorin:

Jane Scrivner leitet die »British School for Complementary Therapy« in London und hat zahlreiche Bücher zum Thema Gesundheit, Ernährung und Wellness geschrieben. Ihr vorliegendes Buch *Entgiftung und Entschlackung: 6 einfache Methoden zur Revitalisierung von Körper und Geist* war in England und den USA ein Bestseller.

Jane Scrivner

Entgiftung und Entschlackung

6 einfache Methoden
zur Revitalisierung von Körper und Geist

Aus dem Amerikanischen von
Diane von Weltzien

Knaur
MensSana

Besuchen Sie uns im Internet:
www.knaur.de

Deutsche Erstausgabe 2003

Redaktion: Annette Gillich
Umschlaggestaltung: ZERO Werbeagentur, München
Umschlagabbildung: Zefa, Düsseldorf
Satz: Ventura Publisher im Verlag
Druck und Bindung: Nørhaven Paperback A/S
Printed in Denmark
ISBN 3-426-87185-8

2 4 5 3 1

Inhalt

Einführung

Dieses Buch behandelt alle Arten von Entgiftung. Man kann Geist, Körper, Seele und Umwelt entgiften. Sie können sich einer Entgiftung auf Grund gesundheitlicher Probleme unterziehen oder weil Sie einen bestimmten Aspekt Ihres Lebens verändern wollen. Sie haben die Möglichkeit, Ihr Leben im Ganzen zu entgiften oder einzelne Bereiche auszuwählen, die einer besonderen Reinigung und Revitalisierung bedürfen. Es steht Ihnen frei, sich in einem 30-Tage-Programm durch und durch zu reinigen oder sozusagen nur Ihren großen Zeh einzutauchen für eine Entgiftung, die nur ein paar Tage vorhält. Jede dieser Herangehensweisen wird Sie mit erstaunlichen und angenehmen Ergebnissen überraschen und jede hat das Potential, Ihrem Leben für alle Zeiten eine positive Wendung zu geben.

Sind Sie jemals morgens mit dem Gefühl aufgewacht ...

- Sie müssen Ihr Leben gründlich umkrempeln ...
- Sie brauchen einen neue Perspektive ...
- Sie wollen den Nebel in Ihrem Kopf vertreiben ...
- Sie möchten Ihrem Körper und Ihrem Verstand endlich das Beharren auf falsche Verhätschelung abgewöhnen ...
- Sie wollen sich endlich einmal ein paar Tage lang nur um sich kümmern ...
- Ihr Zuhause und Ihr Lebensumfeld bedarf einer gründlichen Reinigung ...

- Sie tun jeden Tag immer wieder genau die gleichen alten, langweiligen Dinge ...

... dann ist Entgiftung und Entschlackung genau das Richtige für Sie. Mit wenig Aufwand und geringen Kosten kann man eine solche Kur zu Hause machen. Sie brauchen nichts weiter als sich selbst und das dringende Bedürfnis, Ihr Leben wenigstens ein klein bisschen besser zu machen. Teile der Kur, wie beispielsweise Massage, können Sie auch außer Haus vornehmen lassen, wenn Ihnen das bequemer erscheint – schon kleine Investitionen können hier Wunder wirken.

Dieses Buch enthält vollständige Entgiftungsprogramme für Sie, für Ihren Geist, Ihren Körper, Ihr Leben. Es zeigt Ihnen, wie Sie etwas verändern können – an einem einzigen Wochenende oder im Verlauf von 30 Tagen.

Es gibt viele verschiedene Möglichkeiten, sich zu entgiften. »Entgiftung und Entschlackung« vermittelt Ihnen alles, was Sie wissen müssen, in praktischen, sachlichen, leicht nachvollziehbaren Schritten. Wir verlangen von Ihnen nicht, dass Sie auf Ihrem Balkon Bohnen züchten, Ihre Wohnung in Fuchsienrot streichen oder Ihren Job wechseln. Uns ist klar, dass Ihr Leben bereits voll gepackt ist mit Aktivitäten und Verpflichtungen. Wir beschränken uns darauf, Ihnen einfache Anweisungen zu geben – was jedoch zu unschlagbaren Ergebnissen führt, wenn Sie sie gewissenhaft befolgen. Manchmal erklären wir Ihnen vielleicht Dinge, die Sie schon längst wissen. Großartig! Sie haben bereits begonnen, Ihr Leben genauer anzusehen, und sind darauf aufmerksam geworden, wie Sie sich besser und

wirkungsvoller um sich kümmern können. Es ist nie falsch, sich einen guten Rat mehrmals anzuhören. Wer weiß, vielleicht nehmen Sie ihn ja diesmal an!
Sie werden erfahren, was ein einziges Wochenende zu bewirken vermag. Indem Sie in nur zwei Tagen ein paar Veränderungen vornehmen, können Sie Ihre Welt aus den Angeln heben. Vergessen jede Bikinidiät – machen Sie die Wochenendentgiftung, und Ihr Bauch wird flacher sein, als Sie jemals zu träumen wagten. Und nicht nur das: Ihre Haut wird reiner, Ihr Blick in die Zukunft zuversichtlicher und Ihre Einstellung zu sich selbst besser sein, weil Sie endlich wirklich etwas für sich getan haben. »Entgiftung und Entschlackung« verwandelt Sie von einem Menschen mit negativer Einstellung in einen Menschen mit positivem Lebensgefühl. Schlechtes wird durch Gutes ersetzt – worauf warten Sie also noch?

Die Entgiftungsprogramme

Programm 1: Die ultimative 30-Tage-Entgiftung

Mit diesem 30-Tage-Programm befreien Sie Ihr System von allen Giften und Schlacken. Sie geben Ihrem Immunsystem neuen Auftrieb, damit Sie vollständig gesund werden. Die Kur sorgt dafür, dass Sie sich nach einer langen Zeit der Unvernunft besser fühlen. Sie hilft Ihnen, Ihre Ernährung auf eine neue, gesunde Basis zu stellen und Ihr System durchzuspülen. Die ultimative Entgiftung und Entschlackung richtet sich an Körper, Geist und Seele gleichermaßen. Sie deckt jeden einzelnen Bereich Ihres Lebens ab, innen und außen, physisch und emotional. Nichts bleibt unberücksichtigt, jeder Aspekt wird von Grund auf überholt und verbessert. Mit diesem gründlichsten aller Entgiftungsprogramme bringen Sie ein neues, erfrischtes, energetisches Selbst zum Vorschein.

Programm 2: Die Ruckzuck-Kater-Entgiftung

Dieses Sofortprogramm ist für die Gelegenheiten gedacht, bei denen Sie über die Stränge geschlagen sind. Es liefert Ihnen ein paar nützliche Tipps, wie Sie den »Tag danach« verbringen und die schlimmsten Schäden an Ihrem Körper wieder richten können. Sie erfahren außerdem, wie Sie sich auf exzessive Feste vorbereiten und somit einen Kater vermeiden können.

Programm 3: Das Entgiftungsprogramm für den gesunden Geist

Wenn man keinen geraden Gedanken mehr fassen kann oder mit sich selbst nicht zufrieden ist, dann reicht es nicht aus, einen gesunden Körper zu haben. Sorgen Sie dafür, dass Ihr Geist genug Beschäftigung hat. Entwickeln Sie eine neue Sichtweise Ihres Lebens. Kultivieren Sie Ihre Selbstachtung und Ihr Selbstvertrauen, damit Sie losgehen und sich holen können, was Sie brauchen und wollen. Hören Sie auf, Trübsal zu blasen, und verschaffen Sie sich Auftrieb mit positiver Energie.
Dieses Zehn-Tage-Programm sorgt dafür, dass Sie die Dinge in neuem Licht sehen. Wenn Sie mit Ihrem Leben einfach nicht vorankommen, dann könnte Ihnen eine Bestandsaufnahme helfen, wieder zurück auf den richtigen

Weg zu finden. Manchmal wirkt es Wunder, die Dinge aus einer anderen Perspektive zu betrachten. Das Entgiftungsprogramm für den gesunden Geist wird Sie ausgeglichener und zufriedener machen.

Programm 4: Die Wochenendentgiftung

Die Wochenendentgiftung ist für die Gelegenheiten, wenn Sie 48 Stunden haben, in denen Sie sich ganz sich selbst widmen können. Versperren Sie die Tür, stellen Sie Ihr Telefon aus. Dieses Zwei-Tage-Programm wird Sie von einem erschöpften und ausgepowerten Zweibeiner in einen erfrischten Menschen voller Energie verwandeln. Richten Sie sich mit der Wochenendentgiftung zu Hause Ihren eigenen Kurort ein, und Sie werden sich großartig fühlen.

Sie können sich dafür ruhig mit ein paar Freundinnen zusammentun, doch im Mittelpunkt steht allein Ihr einzigartiges Selbst. Niemand sonst ist wichtig. Jetzt sind *Sie* und *Ihr* Wohlgefühl an der Reihe.

Programm 5: Die Wohnungsentgiftung

Vertreiben Sie den Mief aus Ihrer Wohnung, beseitigen Sie das Durcheinander, verpassen Sie Ihren Schränken einen Frühjahrsputz und wischen Sie die Ketschupflasche ab. Widmen Sie sich Ihrem unmittelbaren Lebensraum, stellen Sie die Dinge an ihren Platz, und kümmern Sie sich um Ihr Zuhause. Heißen Sie die guten Geister willkommen, und vertreiben Sie die schlechten Schwingungen – leben Sie in Frieden und Harmonie und geben Sie Ihrer Umgebung Gelegenheit, dazu beizutragen.

Dieser Fünf-Punkte-Plan wird sich auf Ihre Lebensweise auswirken, Ihr Heim und Ihre Umgebung neu mit Farbe und Glanz erfüllen. Die Wohnungsentgiftung können Sie auch an Ihrem Arbeitsplatz einsetzen. Suchen Sie sich unter Ihren Kollegen oder Freunden Verbündete für das Programm und spüren Sie, wie gut es sich anfühlt, Ordnung zu schaffen. Bereits kleine Veränderungen können Großes bewirken. Falls Sie jemals im Zweifel waren über Farben, Formen oder den Standort eines Möbelstücks, jetzt ist der richtige Zeitpunkt gekommen, etwas daran zu ändern.

Programm 6: Die Beziehungsentgiftung

Partner, Freunde und Familienangehörige spielen eine wichtige Rolle in unserem Leben. Manchmal machen sie uns glücklich, und manchmal treiben sie uns auf die Palme. Mit dem einen verbringen Sie vielleicht Stunden und fühlen sich großartig, mit dem anderen führen Sie nur ein kurzes Telefongespräch und würden am liebsten explodieren. Die Beziehungsentgiftung hilft Ihnen, sich Ihre Beziehungen genauer anzusehen und herauszufinden, wie Sie das Beste aus ihnen machen, sie fördern können, oder ob Sie den ein oder anderen Kontakt mal eine Zeitlang ruhen lassen sollten.

Die Beziehung zu sich selbst ist gleichfalls sehr wichtig – solange wir nicht dazu in der Lage sind, uns selbst freundlich zu behandeln, zu respektieren und zu fördern, wird uns dies auch bei anderen nicht gelingen. Erst wenn wir Erfüllung gefunden haben, sind wir fähig zu geben. Die Beziehungsentgiftung hilft Ihnen, sich selbst genau anzuschauen und daraufhin Ihre Beziehungen zu anderen Menschen zu betrachten und zu klären.

Entscheidung für ein neues Selbst

Sich für eine Entgiftung zu entscheiden, ist ein großer Schritt. Damit entschließen Sie sich, Ihr Leben zum Besseren zu wenden und die erforderlichen Maßnahmen zu ergreifen, um Ihr Selbstgefühl nach innen wie nach außen zu verbessern. Ihre Freunde und Ihre Familie werden die Veränderung bemerken, doch noch viel wichtiger ist es, dass Sie sich selbst anders gegenübertreten. Mit der Entgiftung nehmen Sie Ihr Leben in die eigenen Hände, Sie übernehmen Verantwortung für Ihre Ziele. Leicht wird das nicht, doch die Vorteile überwiegen die Anstrengung bei weitem. Bereits die Erkenntnis, dass Sie sich selbst und Ihr Leben verändern können, ist erstaunlich belebend. Diese Dinge tatsächlich zu erreichen, fühlt sich noch viel besser an.

Wichtig!

Sie sollten mit keinem der Programme beginnen, wenn einer der nachfolgenden Punkte auf Sie zutrifft:

- Sie sind schwanger.
- Sie stillen.
- Sie befinden sich wegen Gesundheitsbeschwerden in medizinischer Behandlung.

- Sie erholen sich gerade von einer schweren Krankheit.
- Sie nehmen regelmäßig verschreibungspflichtige oder andere Medikamente ein.
- Sie haben Zweifel im Hinblick auf Ihre Gesundheit.
- Ihr Arzt hat Ihnen von einer Veränderung Ihrer Ernährungsgewohnheiten abgeraten oder Ihnen selbst eine Diät verschrieben.

Dieses Buch bietet jedermann in jeder Lebenslage Nützliches. Die einzelnen Entgiftungsprogramme können allesamt in einer normalen Alltagssituation durchgeführt werden – es ist nicht erforderlich, einen Monat Urlaub zu nehmen oder irgendwelche besonderen Vereinbarungen zu treffen. Sie brauchen nichts weiter als den dringenden Wunsch, etwas in Ihrem Leben zu ändern und sich ihr Leben angenehmer zu gestalten. Nach ein paar kleinen Vorbereitungen müssen Sie sich nur an die Regeln halten – die Ergebnisse sind einfach unglaublich.

Doch für diese Vorbereitungen müssen Sie sich die Zeit nehmen. Sie stehen am Beginn eines jeden Programms. Lesen Sie sich diese Abschnitte jeweils sorgfältig durch und folgen Sie den Anweisungen. Dann haben Sie bereits den ersten Erfolg bei der Entgiftung Ihres Geistes erzielt.

Wir wünschen Ihnen viel Glück bei Ihrem Aufbruch in ein neues Leben. Los geht's!

1
Das ultimative 30-Tage-Entgiftungsprogramm

Im ultimativen Entgiftungsprogramm geht es nicht allein um die Ernährung. Sie werden Dinge tun, die Spaß machen, Dinge, die Ihnen sonderbar vorkommen, absonderliche und aufregende Dinge für Körper, Geist und für Ihre Seele. Achten Sie darauf, dass Sie Veränderungen auch *wirklich* wollen, und dann setzen Sie sich mit ganzer Kraft dafür ein.

Vorbereitungen für Ihre ultimative Entgiftung

Um das Beste aus Ihrer ultimativen 30-Tage-Entgiftung herauszuholen, müssen Sie einige Vorbereitungen treffen. Nichts soll Sie von Ihrem Ziel abbringen und nichts soll Sie bremsen, sobald Sie erst einmal angefangen haben.
Ihre gegenwärtige Situation entscheidet darüber, wie und wann Sie mit Ihrem Programm beginnen. Wenn Sie praktisch von Giften leben, sich von Fertigmahlzeiten ernähren und sich ständig überlasten, dann haben wir einiges zu tun. Wenn Sie einer an sich bereits gesunden Lebensweise den letzten Schliff geben wollen und lediglich ein paar interessante Veränderungen und wirkungsvollere Strategien suchen, dann sind Sie von Ihrem ganz persönlichen Entgiftungsprogramm nur Schritte entfernt.

Außerdem gibt es, wie wir bereits dargelegt haben, ein paar Regeln, die unbedingt beachtet werden müssen. Die wichtigste lautet: Wenn Sie stillen, schwanger oder krank sind, müssen Sie sich ein Entgiftungsprogramm aus dem Kopf schlagen. Das Programm schadet Ihnen zwar nicht, doch es verlangt von Ihrem Körper harte Arbeit – und das sollten Sie ihm zu einer Zeit, in der er bereits schwer genug arbeiten muss, nicht zumuten. Es ist besser zu warten, bis Sie wieder gesund sind bzw. Ihr Kind zu Welt gebracht und abgestillt haben.

Vorbereitende Selbsteinschätzung

Sobald Sie festgestellt haben, dass Sie für die ultimative Entgiftung bereit sind, dürfen Sie anfangen. Durch die Beantwortung einiger einfacher Fragen können Sie ermitteln, ob Sie sich bereits in den Starterblöcken befinden oder sich erst noch ein paar Tage lang vorbereiten müssen, bevor Sie mit dem Programm loslegen können.

Kreuzen Sie bei jeder Frage die Antwort an, die Ihre gegenwärtige Situation am besten beschreibt:

1. *Wie würden Sie Ihre gegenwärtige Ernährung einschätzen?*
   Sehr gesund ❐ (3 Punkte)
   Ziemlich gesund ❐ (2 Punkte)
   Schlecht ❐ (1 Punkt)

2. *Wie beurteilen Sie Ihr Energieniveau?*
   Gut ❐ (3 Punkte)
   Mittel ❐ (2 Punkte)
   Schlecht ❐ (1 Punkt)

3. *Wie beurteilen Sie Ihr Aktivitätsniveau?*
   Regelmäßig Sport und/oder aktiver Beruf/aktives Leben ❐ (3 Punkte)
   Regelmäßig Sport kombiniert mit sitzender Tätigkeit ❐ (2 Punkte)
   Kein Sport kombiniert mit sitzender Tätigkeit ❐ (1 Punkt)

4. *Wie viel Wasser trinken Sie am Tag?*
   Anderthalb Liter ❐ (3 Punkte)
   Drei bis vier Gläser ❐ (2 Punkte)
   Weniger als drei Gläser ❐ (1 Punkt)

5. *Wie oft am Tag nehmen Sie Kaffee, schwarzen Tee oder Limonaden (Cola etc.) zu sich?*
   Wenig oder gar nicht ❐ (3 Punkte)
   Dreimal täglich ❐ (2 Punkte)
   Sechsmal oder häufiger ❐ (1 Punkt)

6. *Wie viel Alkohol trinken Sie im Verlauf einer Woche?*
   Vier bis sechs Einheiten ❐ (3 Punkte)
   Acht bis zwölf Einheiten ❐ (2 Punkte)
   15 Einheiten und mehr ❐ (1 Punkt)

7. *Wie viel frisches Obst oder Gemüse essen Sie täglich?*
Drei bis vier Portionen ❒ (3 Punkte)
Ein bis zwei Portionen ❒ (2 Punkte)
Eine oder keine Portion ❒ (1 Punkt)

Nun zählen Sie Ihre Punkte zusammen und lesen Ihre Beurteilung.

14 Punkte und mehr

Mit diesem Ergebnis können Sie sogleich mit der ultimativen Entgiftung beginnen und brauchen keine weiteren Vorbereitungen zu treffen. Sehr gut und viel Glück!

Unter 14 Punkten

Falls Sie weniger als 14 Punkte erreicht haben, sollten Sie sich körperlich ein paar Tage auf das ultimative Entgiftungsprogramm vorbereiten. In diesen Tagen müssen Sie ein paar Verhaltensweisen und Ernährungsgewohnheiten verändern, damit gehen Sie den ersten Schritt zu einer neuen Lebensweise und erleichtern sich den Übergang zur tatsächlichen Entgiftung und Entschlackung. Auch beugen Sie so möglichen Nebenwirkungen der Entgiftung vor, beispielsweise Kopfschmerzen, die bei einer abrupten Umstellung auftreten können.
Beachten Sie mindestens zehn Tage lang, bevor Sie mit dem Entgiftungsprogramm beginnen, die folgenden Regeln:

- Bewegen Sie sich täglich: Machen Sie mittags einen Spaziergang oder laufen Sie vor dem Zubettgehen mindestens fünfmal die Treppe rauf und runter. Alles, was Ihren Puls 20 Minuten lang jeden Tag erhöht, hilft Ihnen.

- Achten Sie darauf, täglich mindestens anderthalb Liter Wasser zu trinken.
- Halbieren Sie Ihren Alkoholkonsum.
- Halbieren Sie den Konsum von Kaffee, schwarzem Tee und Limonaden.
- Essen Sie jeden Tag mindestens drei Portionen Obst (eine Portion ist z.B. ein Apfel, eine Birne, eine Hand voll Kirschen oder Trauben etc.).
- Essen Sie jeden Tag mindestens drei Portionen Gemüse (eine Portion entspricht einem großen Servierlöffel voll).
- Vermindern Sie Ihren Verzehr von Brot oder Nudeln auf eine Portion täglich.

Den richtigen Rahmen schaffen

Der richtige Zeitpunkt für die Entgiftung

Die ultimative Entgiftung dauert 30 Tage. Während dieser Zeit folgen Sie Tag für Tag einem Programm, das Ihnen zu Gesundheit und einem neuen Lebensgefühl verhelfen wird. Es wird eine wunderbare Erfahrung sein, aber manchmal auch schwierig. Sie sollten daher einen Zeitraum wählen, in dem Sie das Programm genießen können.

Prinzipiell sind Januar und Februar ein guter Zeitpunkt für das Programm. Zum Jahreswechsel überdenkt man alte

Gewohnheiten und ist bereit, Neues anzugehen. Man ist Veränderungen gegenüber offen, und zwar in körperlicher wie in geistiger Hinsicht. Auch der Frühling ist für die Kur geeignet, denn er ist ohnehin eine Zeit des Neuanfangs und der Reinigung. Vermeiden Sie jedoch die Osterzeit, wenn Sie schon wissen, dass Schokolade eine zu große Versuchung für Sie sein wird. Wenn Sie einen Urlaub in einem Retreat (einem Ort des inneren Rückzugs) oder in einem Kurhotel planen, dann ist diese Zeit ideal für das Programm. Doch falls Sie lieber mit ein paar Freunden nach Ibiza fahren, sollten Sie lieber erst nach dem Urlaub anfangen.

Im Grunde können Sie jederzeit mit dem Programm beginnen. Sie sollten nur darauf achten, dass Sie für mindestens 14 Tage keine privaten Verabredungen haben. In diesen zwei Wochen haben – und brauchen – Sie Zeit, sich auf das Programm einzustellen und die Anfangsphase zu überstehen, ohne Torten, Alkohol oder andere Leckereien ablehnen zu müssen.

Denken Sie über all diese Faktoren nach, und ziehen Sie Ihren Terminkalender zu Rate. Suchen Sie sich die beste Zeit aus, und falls es nicht gleich schon morgen los geht, dann machen Sie sich deshalb keine Sorgen. Nicht selten ist gerade das, worauf man lange warten muss, auch das, wofür man am dankbarsten ist.

Positive Grundeinstellung

Sobald Sie sich für einen Zeitpunkt entschieden haben, können Sie Ihre Freunde darauf vorbereiten. Doch lassen Sie sich nicht von Ihrem Vorhaben abbringen. Es kann sehr verlockend sein, die Entschlossenheit eines anderen zu durchlöchern, seine guten Vorsätze zu unterlaufen oder ihn davon zu überzeugen, dass er seine Ziele ohnehin nicht erreichen kann. Das Programm versucht, Ihre eigenen Schwächen zu berücksichtigen, doch Sie müssen auch auf die Schwächen Ihrer Mitmenschen gefasst sein.

Wenn Sie mit dem Programm schon begonnen haben und Ihren Freunden davon erzählen, dann reden Sie nicht davon, wie sehr Sie sich umstellen müssen und wie viel Zeit es Sie kostet, alles auf die Reihe zu bekommen. Erzählen Sie stattdessen, wie viele positive Veränderungen Sie bereits an sich beobachtet haben, wie viel mehr an einem Tag Sie schaffen, weil Sie jetzt so viel mehr Energie haben, und sprechen Sie davon, wie begeistert Sie sind. Wenn Sie Ihre Freude an dem Programm zeigen und Ihre Freunde merken, wie toll Sie sich fühlen und wie positiv Sie eingestellt sind, wird sie das neugierig machen, und Sie können sich ihrer Unterstützung sicher sein.

Stellen Sie sich das ultimative Entgiftungsprogramm als Ihren ganz persönlichen Aufenthalt auf einer Gesundheitsfarm vor. Sie sollen einen Monat lang an jedem einzelnen Tag des Programms Spaß haben. Denken Sie nicht dauernd daran, wie lange Sie es noch aushalten müssen. Machen Sie sich bewusst, wie viel Sie schon erreicht haben und wie gut Sie sich fühlen. Die meisten Leute haben inzwischen vom Prinzip der Entgiftung und Entschlackung gehört, aber sie wissen noch immer nichts Genaues oder sind nicht bereit, die nötigen Veränderungen in ihrem Leben vorzunehmen. Daher werden die Leute sehr interessiert sein, wenn Sie von Ihrem Programm erzählen. Vielleicht will jemand aus Ihrem Freundeskreis ja sogar mitmachen, und Sie können sich dann über Rezepte austauschen und sich gegenseitig Tipps geben und motivieren.

Diese Dinge brauchen Sie

Ein paar Dinge müssen Sie zur Hand haben, wenn Sie mit dem Programm beginnen. Wahrscheinlich besitzen Sie die meisten schon, oder Sie wissen, wo sie aufzutreiben sind. Doch nehmen Sie sich die Zeit für diese Vorbereitungen. Alles für das Programm Erforderliche griffbereit zu haben sorgt für einen glatten Ablauf.

Unverzichtbar

- Luftdicht verschließbare Behälter, z. B. Plastikdosen.
- Ein Topfeinsatz zum Dünsten, entweder aus Bambus oder aus Metall. Er sorgt dafür, dass Sie Gemüse oder Fisch schonend und schmackhaft in Dampf garen.
- Eine Hautbürste mit Naturborsten. Die Borsten sollen fest, aber nicht zu steif sein, damit es nicht zu Hautirritationen kommt.
- Ein Körperpeeling oder Salz. Für ein selbst gemachtes Peeling können Sie Cremereste verwenden, denen Sie einen Teelöffel Salz oder Sand hinzufügen.
- Bittersalz (Magnesiumsulfat) als Badezusatz. Sie brauchen sechs mal ein Kilogramm. Es ist in Apotheken erhältlich.

- Ein Luffaschwamm oder Massagehandschuh. Verwenden Sie einen Handschuh aus Sisal oder einem anderen natürlichen Material.
- Ein Raum, in dem Sie Gymnastik machen können. Ein Fitnesszentrum, Ihr Schlafzimmer, Wohnzimmer, eine Treppe etc.
- Badewanne und/oder Dusche. Ideal ist beides, aber auch wenn Sie nur über eines verfügen, kommen Sie zurecht.

Ebenfalls nützlich

- Ein Entsafter. Das ist natürlich ein echter Luxusgegenstand, aber die Anschaffung lohnt sich. Sie werden ihn sicher auch nach Ihrem Entgiftungsprogramm verwenden.
- Bioprodukte. In den Städten und selbst auf dem Land gibt es inzwischen zahlreiche Geschäfte, die sich auf Bioprodukte spezialisiert haben. Darüber hinaus existieren Versandgeschäfte, und auch die meisten Supermärkte bieten in besonderen Bereichen Bioprodukte an. Finden Sie heraus, wo Sie in Ihrer Gegend Bioprodukte bekommen, damit Sie während Ihrer Kur regelmäßig frisches Obst und Gemüse einkaufen können. Durch den Verzehr organisch angebauter Lebensmittel verringern Sie die Aufnahme von Pestiziden, womit normales Obst und Gemüse besprüht wird. Allerdings ist es nicht der wichtigste Aspekt, dass Sie Bioprodukte verzehren. Die Tatsache, dass Sie sich im Verlauf des nächsten Monats mit frischem Obst und Gemüse ernähren werden, reicht vermutlich schon aus, um die entscheidende Veränderung zu bewirken.

- Gemüsesaft. Möhren- oder Rote-Bete-Saft bekommen Sie in Bioläden oder Reformhäusern. Sie brauchen eine Flasche pro Tag, besorgen Sie sich einen Vorrat für mindestens eine Woche. Wenn Sie einen Entsafter besitzen, dann kaufen Sie die erforderliche Menge frisches Gemüse und stellen Ihren Saft selbst her.
- Olivenöl. Besorgen Sie kalt gepresstes Olivenöl beziehungsweise Öl aus der ersten Pressung; dies ist das reinste Öl. Olivenöl gibt es in allen großen Supermärkten – eine Einliterflasche reicht für den Anfang aus.
- Frischer Knoblauch oder Knoblauchpillen. Kaufen Sie eine Knoblauchknolle beim Gemüsehändler. Dies genügt fürs Erste, Sie brauchen eine Zehe pro Tag. Knoblauchpillen bekommen Sie in der Drogerie. Hiervon können Sie schon den Vorrat für den ganzen Monat kaufen, Sie müssen jeden Tag eine Pille nehmen.
- Seetangtabletten. Sie fördern Ihren Stoffwechsel und halten damit den Entgiftungsprozess in Gang. Erkundigen Sie sich im Naturkostladen, Reformhaus oder in der Apotheke nach dem besten Produkt. Bei der Dosierung halten Sie sich an die Packungsangaben.
- Honig. Kaufen Sie den Honig am besten in einem Geschäft, das selbst gemachten Honig guter Qualität anbietet. Je weniger raffiniert der Honig ist, desto besser.
- Frische Zitronen. Drei reichen für den Anfang.
- Sprossen. Sprossen können Sie im Naturkostladen kaufen. Sie können aber auch in einem Keimapparat oder auf der Fensterbank Ihre eigenen Sprossen ziehen. Um

Bohnen zum Keimen zu bringen, brauchen Sie nur Löschpapier oder saugfähiges Küchenpapier. Machen Sie das Papier feucht, verstreuen Sie die Bohnen darauf und legen Sie es an einen hellen, sonnigen Platz. Sorgen Sie dafür, dass das Papier nicht austrocknet, und Ihre Bohnen beginnen nach ein paar Tagen zu sprossen. Gut geeignet zum Keimen sind Mungobohnen, Kichererbsen und Alfalfa.

- Scharfe Gewürze Ihrer Wahl. Ein oder mehrere scharfe Gewürze wie zum Beispiel Chili, Cayenne, Zitronengras, Ingwer (am besten frisch, aber pulverisiert geht auch).
- Wasser. Kaufen Sie Wasser in Flaschen oder nehmen Sie es aus der Leitung, wenn dieses eine gute Qualität hat. Wenn Sie einen Wasserfilter besitzen, können Sie das Leitungswasser auch filtern. Sie brauchen so viel, dass Sie an den ersten drei Tagen jeweils anderthalb Liter zu trinken haben.

Sorgen Sie dafür, dass Sie zu Beginn Ihrer Entgiftungskur alle Dinge, die Sie brauchen, parat haben. Dazu gehören die Gegenstände aus der »Unentbehrlich«-Liste und Nahrungsmittel für mindestens drei Tage. Verderbliche Nahrungsmittel sollten Sie immer frisch einkaufen. Obst und Gemüse enthält keine Nährstoffe mehr, wenn es zu lange gelagert wird.

Das Programm auf einen Blick

Zunächst einmal geben wir Ihnen einen Überblick darüber, was Sie im ultimativen Entgiftungsprogramm erwartet. Das Programm besteht aus drei Bausteinen: dem Ernährungsprogramm, dem Programm für den Geist und dem Körperprogramm. Zu jedem dieser Bausteine gibt es eine Reihe von Anweisungen, die hier zusammengefasst sind. Die einzelnen Punkte werden in den folgenden Kapiteln näher erläutert. Allen Anweisungen in der ultimativen Entgiftung liegen wichtige Zusammenhänge zu Grunde, halten Sie sich also an die Vorgaben.

Das Ernährungsprogramm

- Trinken Sie jeden Morgen zuerst eine Tasse heiße Zitrone, bestehend aus frischem Zitronensaft und heißem Wasser.
- Trinken Sie im Verlauf eines Tages mindestens anderthalb Liter Wasser.
- Nehmen Sie zwei Leberstärker, wie auf Seite 30 beschrieben.
- Nehmen Sie zwei Nierenstärker, wie auf Seite 31 beschrieben.
- Nehmen Sie jeden Tag gemäß den Anweisungen auf der Packung Seetangkapseln. Erhöhen Sie die Dosierung nicht auf eigene Faust.
- Nehmen Sie jeden Tag mindestens drei und maximal fünf Mahlzeiten ein, die Sie aus den Nahrungsmittellisten im Anhang (Seite 228) zusammenstellen.

- Essen Sie jeden Tag mindestens eine Portion Vollkornreis.
- Essen Sie mindestens drei Portionen Gemüse, davon eine in roher Form.
- Essen Sie mindestens drei Portionen rohes und frisches oder getrocknetes Obst.
- Essen Sie mindestens drei Portionen Salat.
- Nehmen Sie täglich mindestens eine Portion Joghurt, Käse oder Milch zu sich, die nicht aus Kuhmilch gemacht sind (also Ziegen- oder Schafmilch-, Reis- oder Sojaprodukte).
- Essen Sie jeden Tag zwei Portionen öligen Fisch, Hülsenfrüchte, Nüsse oder Oliven, verwenden Sie Oliven-, Nuss- oder Keimöl.

Das Programm für den Geist

- Sprechen Sie jeden Tag fünf Affirmationen.
- Gönnen Sie sich jeden Tag etwas Gutes.
- Führen Sie jeden Tag ein mindestens fünfminütiges Telefongespräch mit einem Freund oder einer Freundin – kontrollieren Sie die Dauer mit der Uhr.
- Machen Sie jeden Tag jemandem ein Geschenk.
- Suchen Sie sich jeden Tag etwas, was Sie zum Lächeln oder Lachen bringt.
- Verzichten Sie während der 30 Tage auf jegliche Bewertungen.
- Nehmen Sie sich mindestens vier Tage im Verlauf der 30 Tage frei.
- Machen Sie alle paar Tage ein wenig Gartenarbeit.
- Lernen Sie jede Woche etwas Neues.

- Nehmen Sie jeden Morgen eine kalte Dusche oder ein kaltes Fußbad.
- Bürsten Sie Ihre Haut jeden Morgen.
- Machen Sie jeden Tag 30 Minuten Gymnastik.
- Entspannen Sie sich jeden Tag für zehn Minuten.
- Machen Sie jeden Tag fünf Minuten Atemübungen.
- Machen Sie jeden dritten Tag ein Körperpeeling.
- Nehmen Sie alle fünf Tage ein Wannenbad mit Bittersalz (Magnesiumsulfat).
- Gönnen Sie sich alle zwei Wochen eine professionelle Körperbehandlung.

Das Ernährungsprogramm

Um eine ausgewogene Ernährung zu gewährleisten, müssen Sie Ihren täglichen Speiseplan möglichst aus allen Nahrungsmittellisten (siehe Seite 228) zusammenstellen. Wenn Sie eine der Kategorien auslassen, missachten Sie die Bedürfnisse Ihres Körpers, was zu Trägheit und allgemeinem Unwohlsein führen kann. Sie müssen nicht bei jeder Mahlzeit das gesamte Spektrum abdecken. Eine vernünftige Kombination könnte folgendermaßen aussehen: morgens Obst; zum Mittagessen Fisch und Salat; zum Abendbrot Gemüse und Reis; Nüsse als Zwischenmahlzeit am Vormittag; Ziegenkäse und Reiswaffeln am Nachmittag. Diese Zusammenstellung können Sie nach Belieben variieren, doch achten Sie darauf, dass Sie im Laufe eines Tages von allem etwas essen. Rohe Nahrungsmittel sind ebenso wichtig wie schonend gegarte. Rohes sorgt für Masse und Ballaststoffe, und beides fördert die Fähigkeit Ihres Körpers, sich selbst zu entgiften.

Trinken Sie jeden Morgen zuerst eine Tasse heiße Zitrone

Das größte Entgiftungsorgan im Körper ist die Leber. Den Tag mit einem ordentlichen Spritzer frisch ausgepressten Zitronensaft in heißem Wasser zu beginnen, erfrischt und belebt Sie nicht nur, sondern reinigt auch Ihren Gaumen und trägt zur Spülung Ihrer Leber bei. Bringen Sie Wasser zum Kochen, und achten Sie darauf, dass es tatsächlich aufkocht. Lassen Sie das Wasser ein wenig abkühlen, gießen es in eine Tasse und fügen den Zitronensaft hinzu. Der Saft von einer Viertel Zitrone in einer großen Tasse (ca. 250 ml) ist genug. Die Zitrone bewirkt Basenbildung und hilft Ihnen, während der Entgiftung den pH-Wert in Ihrem Körper neutral zu halten. Wenn Sie jeden Morgen eine Tasse heiße Zitrone trinken, fällt es Ihnen außerdem leichter, die Finger von Tee oder Kaffee zu lassen sowie Ihr tägliches Pensum an Flüssigkeit zu erreichen.

Trinken Sie im Verlauf eines Tages mindestens anderthalb Liter Wasser

Unser Körper besteht zu etwa 75 Prozent und unser Gehirn sogar zu 85 Prozent aus Wasser, und dieses Niveau müssen wir stabil halten. Der Mensch hält es viele Tage lang ohne Nahrung aus, aber bereits ein, zwei Tage ohne Wasser haben Austrocknung und schließlich den Tod zur

Folge. Durch die Haut, den Atem und die Nieren verlieren wir den ganzen Tag über an Feuchtigkeit. Wasser reguliert unsere Körpertemperatur, hält die Haut von innen her feucht, hilft die Nährstoffe durch den Verdauungstrakt zu befördern, spült toxisches Material aus dem Körper, verhindert die Bildung von Nierensteinen und Harnwegsinfektionen. Wasser ergänzt, reinigt, verjüngt und regeneriert. Es ist vermutlich der wichtigste Bestandteil des Entgiftungsprogramms. Brauchen Sie noch mehr Gründe, um den nächsten Schluck zu nehmen?

Bei heißem Wetter und beim Sport verlieren Sie mehr Wasser als sonst. In diesem Fall brauchen Sie grundsätzlich mehr Flüssigkeit, und wenn Sie Ihre Entgiftungskur im Sommer machen oder viel Sport treiben, dann sollten Sie mindestens zwei Liter täglich trinken. Anfangs werden Sie das Gefühl haben, dass es einfach zu viel ist, und Sie werden häufig die Toilette aufsuchen. Doch schon nach ein paar Tagen gewöhnt sich der Körper an die Menge und wird in Ihnen Durst wecken, damit Sie noch mehr trinken. Es ist wichtig, die Wasserzufuhr über den gesamten Tag zu verteilen. Wenn Sie alles auf einmal trinken, dann setzen Sie Ihre inneren Organe nur unnötig unter Druck. Reduzieren Sie die Flüssigkeitszufuhr gegen Abend, damit Sie nachts nicht aufstehen müssen.

Nehmen Sie zwei Leberstärker

Die Leber ist das wichtigste Entgiftungsorgan und sollte daher während des ultimativen Entgiftungsprogramms mit besonderer Aufmerksamkeit bedacht werden. Dieses Ziel lässt sich mit vielen verschiedenen Mitteln erreichen, Sie werden feststellen, dass Ihnen manche davon mehr und andere weniger liegen. Jedes der nachfolgend genannten Nahrungsmittel wirkt reinigend und stärkend auf die Leber. Sie können die Zusammenstellung nach Ihren Bedürfnissen variieren, müssen jedoch mindestens zwei verschiedene pro Tag zu sich nehmen.

- Eine Hand voll roter Trauben.
- Eine frische Knoblauchzehe (als Bestandteil der Mahlzeiten, nicht roh) oder eine Knoblauchpille.
- Ein Glas (ca. 200 ml) mit Möhren- oder Rote-Bete-Saft oder mit einem Gemisch aus beidem. Ob selbst zubereitet oder Fertigsaft spielt keine Rolle.
- Zwei Tassen Fenchel- oder Löwenzahntee.

Nehmen Sie zwei Nierenstärker

Das zweite für die Entgiftung wichtige Organ ist die Niere. Die Niere ist verantwortlich für den Ausgleich der Körperflüssigkeiten und regelt das Säure-Basen-Gleichgewicht. Die nachfolgenden Lebensmittel werden Ihre Nieren stärken und das Gesamtprogramm unterstützen. Auch hier dürfen Sie die Zusammenstellung variieren, aber Sie müssen jeden Tag mindestens zwei von ihnen zu sich nehmen.

- Honigwasser: einen Teelöffel Honig in heißes Wasser einrühren und in kleinen Schlucken langsam trinken.
- Ein Glas (ca. 200 ml) frisch zubereiteten Preiselbeerensaft (nach Belieben mit Honig gesüßt) oder eine Preiselbeertablette.

- Eine große Hand voll schwarze Johannisbeeren oder ein Glas frischer Johannisbeersaft.
- Eine Hand voll getrocknete Aprikosen.

Nehmen Sie jeden Tag Seetangkapseln

Seetang fördert den Stoffwechsel und erhält außerdem den Entgiftungsprozess aufrecht. Meist müssen Tabletten mit den Mahlzeiten eingenommen werden, doch folgen Sie den Packungsanweisungen der von Ihnen gewählten Marke. Erhöhen Sie die angegebene Dosierung nicht von sich aus. Falls Ihnen mehrere Dosierungsmöglichkeiten angeboten werden, wählen Sie eine mittlere.

Essen Sie jeden Tag mindestens drei Mahlzeiten

Im Verlauf der Kur müssen Sie jeden Tag mindestens drei und höchstens fünf Mahlzeiten mit den in den Listen (siehe Seite 228) aufgeführten Lebensmitteln essen. Es fällt nur allzu leicht, eine Mahlzeit auszulassen, weil die Zeit knapp ist oder die betreffenden Lebensmittel nicht da sind. Doch wer etwas auslässt, der wird unter Energiemangel und Heißhungerattacken leiden. Für den Körper ist es am besten, wenn wir im Verlauf des Tages mehrere kleine Mahlzeiten einplanen. Während der Kur sollten Sie nie länger als vier Stunden ohne etwas zu essen sein. Wenn Sie zu lange hungrig oder Ihr Magen leer ist, dann ist Ihr Verdauungsapparat nur unnötig lange den Verdauungssäften ausgesetzt. Außerdem nimmt das Verlangen nach fetten oder süßen Speisen mit dem Hunger zu – und von diesen finden Sie keine in den Listen.

Im Idealfall nehmen Sie Ihr Frühstück vor 9 Uhr, Ihr Mittagessen vor 14 Uhr und Ihr Abendbrot vor 19 Uhr ein. Vormittags und nachmittags gibt es jeweils eine kleine Zwischenmahlzeit. So hat Ihr Körper genug Zeit zur Verdauung und zur Aufnahme der Nährstoffe. Außerdem kann er so alle ihm zugeführten Mahlzeiten noch am gleichen Tag verdauen.

Essen Sie jeden Tag mindestens eine Portion Vollkornreis

Reis ist eines der saugfähigsten Kohlenhydrate, das uns für unsere Ernährung zur Verfügung steht. Mit ihm scheinen außerdem keine allergischen Reaktionen und Unverträglichkeiten aufzutreten, wie es bei zahlreichen Kohlenhydraten auf Weizenbasis der Fall ist. Vollkornreis fördert die Darmgesundheit und sorgt für ein ausgeglichenes Blutzuckerniveau. Brot und Kartoffeln hingegen sorgen für einen weit steileren Anstieg des Blutzuckerspiegels, was in der Konsequenz zu dem unvermeidlichen plötzlichen Abfall und Heißhunger führt.

Seine Saugfähigkeit bedeutet, dass der Reis im Darm wie ein »Rohrputzer« wirkt, wobei Rund- oder Mittelkornreis noch saugfähiger ist und darum eine noch bessere Reinigungswirkung hat als Langkornreis. Stellen Sie sich die Abwasserleitungen in Ihrer Küche nach 20-jähriger Benutzung vor. Es ist sehr wahrscheinlich, dass sie entweder korrodiert sind oder Sie den Klempner holen mussten, damit er kleinere und größere Verstopfungen beseitigt. Vollkornreis wirkt wie ein Schwamm, der in Ihrem Verdauungsapparat all den Schlick und die Abfälle aufsaugt und hinaustransportiert. Das Entgiftungsprogramm ist so angelegt, dass Schlacken zwar abgeführt, aber nicht neu produziert werden. Jedes Mal, wenn Sie ungeschälten Reis essen, werden wieder ein paar Stoffwechselabfälle abtransportiert, bis Ihr Darm schließlich vollständig gereinigt ist.

Essen Sie mindestens drei Portionen Gemüse, drei Portionen Obst und drei Portionen Salat

Frisches Gemüse, Obst und Salat enthalten viele Nährstoffe, die für eine gesunde und ausgeglichene Ernährung unverzichtbar sind. In vielen Sorten befinden sich auch Stoffe, die aktiv gegen Krebs, Herzerkrankungen, Immunschwächen, sich verschlechterndes Sehvermögen und abnehmende Gehirnfunktionen vorbeugen.

Obst und Gemüse transportieren essenzielle Vitamine, Aminosäuren und Mineralstoffe in großen Mengen. Ihr Ballaststoff- und Kaliumgehalt und ist sehr hoch. Andererseits sind sie fast vollkommen frei von Abfallstoffen und liefern nur wenig Kalorien. Obst und Gemüse enthalten fast nur Gutes. Am besten entfalten sie ihre Wirkung, wenn sie besonders frisch sind, je länger man sie aufbewahrt, desto mehr Nährstoffe gehen verloren. Gleiches geschieht, sobald Sie es verarbeiten oder kochen. Rohe Nahrungsmittel reinigen den Darm besser und enthalten große Mengen der für die Ernährung so wichtigen Faserstoffe. Versuchen Sie von Ihrem Obst- und Gemüsepensum so viel wie möglich roh zu essen, oder sorgen Sie wenigstens dafür, dass ein hoher Prozentsatz roh ist – wie etwa bei Salat mit nur leicht gedünstetem Gemüse.

Nehmen Sie täglich mindestens eine Portion kuhmilchfreien Joghurt, Käse oder Milch zu sich

Produkte aus Ziegen- oder Schafmilch sind leichter verdaulich als Produkte aus Kuhmilch. Der Fermentationsprozess, dem kuhmilchfreie Produkte bei der Herstellung unterworfen werden, machen sie für unseren Verdauungsapparat leichter verwertbar, und in manchen Fällen fördern sie die Verdauung sogar noch. Viele Menschen, die eine Allergie oder Unverträglichkeit gegen Kuhmilch entwickelt haben, zeigen bei Schaf- und Ziegenmilchprodukten, deren Nährwert mit Kuhmilchprodukten fast identisch ist, keinerlei Reaktionen.

Essen Sie jeden Tag zwei Portionen öligen Fisch, Hülsenfrüchte, Nüsse oder Oliven; verwenden Sie Oliven-, Nuss- oder Keimöl

Fisch versorgt Sie mit essenziellen Nährstoffen, und öliger Fisch hat den Vorteil, darüber hinaus die wichtigen Omega-3-Fettsäuren zu enthalten. Der Verzehr von öligem Fisch kann den Blutdruck senken und das Risiko eines Herzinfarkts reduzieren. Er stärkt Knochen, Gelenke und Haut und schützt gegen manche Krebsarten.

Wann immer möglich sollten Sie daher frischen Fisch essen. Falls Ihnen kein frischer Fisch zur Verfügung steht oder Sie aus Bequemlichkeitsgründen auf Dosenfisch zurückgreifen, dann sind die Fischsorten in Pflanzen- oder Olivenöl am besten geeignet. Manchmal wird Fisch in Quellwasser abgepackt, aber dann darf es kein Salz enthalten. Falls Sie nur Fisch in Salzlake bekommen, dann gießen Sie die Flüssigkeit ab und spülen den Fisch kurz. Fisch in

Salzlake ist zu salzig und sollte in einem Entgiftungsprogramm nicht vorkommen. Räucherfisch ist annehmbar, aber er darf nur auf natürliche Weise geräuchert und nicht gefärbt sein.

Verwenden Sie frischen Fisch.
Er enthält die meisten Nährstoffe.

Natürlich geräucherter und ungefärbter Fisch ist sowohl im Supermarkt als auch beim Fischhändler erhältlich. Sollte keiner vorrätig sein, dann haben Sie in der Regel die Möglichkeit, Räucherfisch zu bestellen.
Nüsse haben einen außerordentlich hohen Nährstoffgehalt. Sie sind zwar äußerst kalorienreich, aber sie enthalten auch reichlich essenzielle Fettsäuren, Kalium und Ballaststoffe. Nüsse sollten roh, ungesalzen und frisch verzehrt werden. Samen und Körner sind gleichfalls nährstoffreich. Frisch gekeimt, nimmt ihr Nährstoffgehalt sogar noch zu, außerdem sind sie dann leichter verdaulich. Samen und Sprossen bringen Geschmack und Farbe in unsere Mahlzeiten, doch vor allem ihr Vitamin- und Nährstoffgehalt ist wichtig.
Ihre Ernährung muss Fett enthalten, doch sind nicht alle Fette gut. Fette in Ölform und mehrfach ungesättigt sind am besten, dazu gehören pflanzliche Fette und Fischöle. Darum sollten Keim- oder Nussöle Bestandteil Ihrer täglichen Ernährung sein. Experimentieren Sie mit Sesamöl, Sonnenblumenöl und verschiedenen Nussölen in Ihrem Salat.

Gäste

Sie brauchen während Ihres Entgiftungsprogramms nicht auf Geselligkeit zu verzichten. Die Auswahl der Nahrungsmittel ist groß, so dass Sie problemlos Freude einladen können. Fisch, Oliven, Kräuter und viele Gemüse- und Obstsorten sind Bestandteil der Listen, Sie können Ihren Gästen also zum Beispiel gegrillten Fisch mit Kräutern und Oliven im Gemüsebett vorsetzen. Es gibt noch viele andere fantastische und schmackhafte Zusammenstellungen, bei denen Ihre Gäste kaum glauben werden, dass sie Bestandteil eines Entgiftungsprogramms sind.

Portionsgröße

Der Name des ultimativen Entgiftungsprogramms ist wohl überlegt. Es ist ein *Programm* und keine Diät. Darum sind die Portionen durchaus großzügig bemessen: Eine Portion entspricht einem gehäuften Esslöffel; jede Mahlzeit setzt sich aus einer Kombination von mindestens drei Portionen Reis, Gemüse und verschiedenen anderen Nahrungsmitteln zusammen. Jede Mahlzeit sollte aus einem normal gefüllten Teller oder einer normal gefüllten Schüssel bestehen. Sollten Sie zwischendurch Hunger bekommen, dann müssen Sie etwas essen, insbesondere in der ersten Hälfte des Programms, da sich der Körper erst noch auf die neue Ernährungsweise einstellen muss. Sie werden vermutlich meinen, mehr zu essen, als Sie dürfen – das ist normal und sollte Ihnen keine Sorgen bereiten.

Gemüse, Früchte und Reis versorgen Sie mit Kohlenhydraten und Ballaststoffen, während Fisch, Öl und Nüsse eine ausgezeichnete Eiweiß- und Fettquelle darstellen. Sie müssen dafür sorgen, dass Ihr täglicher Speiseplan mindestens zwei Portionen beispielsweise Olivenöl, öligen Fisch und Cashewnüsse enthält, sonst fehlt Ihrem Programm das nötige Gleichgewicht. Sie verzichten auf all Ihre sonst üblichen Fettquellen, daher können Sie ohne die genannten Fettlieferanten nicht auskommen. Wenn Sie lediglich Gemüse, Reis und Früchte essen, dann werden Sie leicht müde und Ihre Entgiftung kommt schließlich zum Stillstand.

Das ultimative Entgiftungsprogramm verlangt kein Kalorienzählen, doch mit Kalorien, mit denen wir den Energiegehalt unserer Nahrung messen, lässt sich am besten vermitteln, wie viel Sie jeden Tag essen müssen. Eine Frau sollte durchschnittlich 1600 Kalorien pro Tag zu sich nehmen und auch im Verlauf einer Diät niemals unter 1000 Kalorien kommen. Denn wenn die tägliche Kalorienaufnahme unter 1000 liegt, dann unterschreiten wir den Energiebedarf des Körpers und zwingen dem Körper ein Hungerprogramm auf – der Körper lagert dann Fett für zukünftige Zeiten ein, der Stoffwechsel wird langsamer, und wir fühlen uns schwach und träge. Darum müssen Sie mindestens 1200 Kalorien zu sich nehmen. Das ultimative Entgiftungsprogramm zeigt nur dann gute Resultate, wenn alle Organe und Systeme normal funktionieren können.

Versuchen Sie, Ihre Speisen so wenig wie möglich zu garen. Je geringer die Hitze, denen die Lebensmittel ausgesetzt sind, desto mehr Nährstoffe bleiben erhalten. Selbstverständlich müssen alle Fischgerichte durchgegart werden, aber Gemüse sollte immer »Biss« haben. Sie sollten die Lebensmittel leicht dämpfen, dünsten, in der Pfanne unter Rühren kurz anbraten, in der Folie garen, im Schnellkochtopf oder in der Mikrowelle zubereiten. All diese Methoden sind jeglichem Kochen, egal ob lang oder kurz, vorzuziehen, da Letzteres sowohl den Geschmack als auch die Nährstoffe reduziert.

Das Programm für den Geist

Eine gesunde Ernährungsweise ist sehr wichtig, doch zu dem ultimativen Entgiftungsprogramm gehört mehr. Die richtige geistige Einstellung kann Ihnen dabei helfen, die körperliche Umstellung besser durchzuhalten – und sie kann gesund machen. Schwerwiegende Erkrankungen können mittels einer Entgiftung nicht kuriert werden, doch es gibt viele Krankheiten und Beschwerden, bei denen Entgiftung und Entschlackung Linderung bewirkt. Sich um sich selbst zu kümmern, ist kein Luxus, sondern notwendig. Sich um sich selbst, die eigene Selbstachtung und eine positive Geisteshaltung zu bemühen, fördert das allgemeine Wohlbefinden. Das ultimative Entgiftungsprogramm enthält daher ausgezeichnete Hilfsmittel, die Ihnen den Blick auf sich selbst und auf Ihr Leben gestatten und Ihnen dabei helfen, eine positive Einstellung zu entwickeln. Freuen Sie sich darauf, nicht nur körperlich, sondern auch geistig zu einem neuen Lebensgefühl zu finden.

Sprechen Sie jeden Tag fünf Affirmationen

Wir lernen, indem wir Informationen hören und über sie nachdenken. Jetzt ist es an der Zeit, dass Sie sich selbst etwas beibringen und dafür sorgen, dass Sie sich gut genug für alles fühlen, was Ihnen auch in den Sinn kommen mag. Sprechen Sie dazu jeden Tag fünf Affirmationen. Das sind bestätigende und bejahende Aussagen, die Sie über sich selbst oder über eine Situation treffen.

Beginnen Sie mit einer morgendlichen Affirmation – vielleicht nach dem Zähneputzen. Damit geben Sie dem Tag Ihre ganz persönliche Prägung. Wenn Sie in den Spiegel blicken und denken: »Vor mir liegt ein entsetzlicher Tag und ich weiß nicht, wie ich ihn bewältigen soll!«, dann werden Sie vermutlich davon überzeugt sein, dass Sie am besten gar nicht erst hätten aufstehen sollen. Sagen Sie jedoch zu Ihrem Spiegelbild: »Der heutige Tag wird eine große Herausforderung. Ich bin dieser Herausforderung gewachsen, sie bringt frischen Wind in mein Leben, und ich werde sie großartig meistern«, dann wird Sie das erheblich weiter bringen.

Im Verlauf des Tages können Sie weitere Affirmationen sprechen, je nachdem, wo sie Ihnen gerade nützlich oder notwendig erscheinen, oder auch als Belohnung: »Siehst du, du kommst hervorragend zurecht, heute klappt es wirklich wunderbar, deine Leistungen sind ausgezeichnet. Sieh doch nur, wie großartig du bist.«

Jeder Tag wird in Ihnen neue und andere Affirmationen hervorbringen und selbst dann, wenn alles wirklich abgrundtief kompliziert scheint, ist es immer noch eine gute Idee, zwischen zusammengebissenen Zähnen eine Affirmation hervorzupressen. Affirmationen zeigen immer positive Wirkung, selbst wenn Sie sagen: »Schlimmer als jetzt kann es nicht werden, aber ich befinde mich auf dem Weg nach oben. Gut gemacht!« Wiederholen Sie jede Affirmation dreimal mit aller Überzeugung, die Sie aufbringen können, und Sie werden an sie glauben. Das ist die beste Voraussetzung dafür, dass die Aussage Wirklichkeit wird.

Ihre persönlichen Affirmationen

Im Verlauf der ultimativen Entgiftung können Sie mit Affirmationen Ihr Durchhaltevermögen festigen und visualisieren, wie »sauber« Sie erst sind, wenn Sie das Programm abgeschlossen haben. Ob Sie nun die Entgiftung abgeschlossen haben, darüber nachdenken, ob Sie mit ihr beginnen wollen, oder eigentlich bei jeder anderen Gelegenheit im Leben – Affirmationen unterstützen Sie in all Ihren Vorhaben.

Affirmationen müssen nicht irgendwie besonders großartig oder außergewöhnlich sein, sie müssen Ihnen nur helfen. Wenn Sie sich Affirmationen ausdenken, dann brauchen Sie nur auf das zurückgreifen, was Sie sich wünschen und was Sie wirklich haben oder erreichen wollen. Jede Ebene ist erlaubt: persönlich, beruflich, familiär, finanziell – alles. Affirmationen müssen positiv und kurz sein. Im Verlauf des ultimativen Entgiftungsprogramms könnten Ihnen die folgenden Affirmationen helfen:

- Ich besitze einen gesunden Körper.
- Ich bin zufrieden mit meinem Körper.
- Ich reinige meinen Körper gründlich.
- Dieser Monat gehört mir allein; ich genieße es, mich um mich selbst zu kümmern.
- Ich verdiene es, mich einen Monat lang zu verwöhnen.
- Ich fühle mich ausgezeichnet.
- Ich bin voller Energie.
- Ich bin mit meiner Entgiftung erfolgreich.

Sie müssen nichts weiter tun, als sich diese Worte laut oder still im Inneren vorzusprechen. Wiederholen Sie sie immer dann, wenn sie Ihnen in den Sinn kommen. Beim Aussprechen, müssen Sie die Affirmationen mit positiver Energie erfüllen: Fühlen Sie sich gut, während Sie die Worte sprechen, und lächeln Sie dabei. Sie müssen daran glauben, dass sie für Sie wahr werden oder bereits wahr geworden sind. Falls Sie sich dabei ertappen, eine Affirmationen mit Zweifeln oder mit negativen Hintergedanken ausgesprochen zu haben, dann wiederholen Sie sie sofort und mit aller positiven Festigkeit, die Sie nur aufbringen können.

Sollten Sie Mühe damit haben, sich Ihre Affirmationen einzuprägen, dann schreiben Sie den Satz auf – in Ihren

Kalender, auf einen Zettel, den Sie auf den Schreibtisch legen. Sprechen Sie die Affirmationen immer, wenn Ihr Blick auf sie fällt, zwei- oder dreimal laut und bestimmt aus.
Affirmationen sind eine rein persönliche Angelegenheit. Niemand außer Ihnen braucht sie zu kennen oder auch nur zu wissen, dass Sie sich welche ausdenken. Die einzige Regel lautet, dass sie genau das enthalten müssen, was Sie wollen. Nachfolgend noch einige weitere Beispiele:

- Ich verdiene es, mehr Geld zu haben.
- Ich werde eine bessere Arbeit finden.
- Ich bin großartig.
- Andere Menschen wissen mich zu schätzen.
- Ich werde ihn/sie einladen, mit mir auszugehen.
- Ich werde ihr/ihm mitteilen, dass ich anderer Meinung bin.
- Ich werde mehr Zeit für mich haben.
- Ihre Kritik wird mir nichts anhaben.
- Ich bin mit allem erfolgreich, was ich anpacke

Gönnen Sie sich jeden Tag etwas Gutes

Diese Anweisung bedeutet nicht, dass Sie jeden Tag losgehen sollen, um sich irgendetwas zu kaufen. Das wäre Geldverschwendung und nicht wirklich etwas Gutes in unserem Sinne. Sich selbst jeden Tag etwas Gutes tun heißt, kleine Dinge tun, die große Wirkung zeigen. Zum Beispiel:

- Gestatten Sie es sich, morgens eine halbe Stunde länger liegen zu bleiben. (Das ist am Wochenende natürlich leichter zu bewerkstelligen als an einem normalen Arbeitstag.)
- Nehmen Sie am Abend ein ausgedehntes Bad mit wunderbaren ätherischen Ölen (siehe Seite 80). Vertreiben Sie allen Schmerz aus Ihren Muskeln und allen Stress aus Ihrem Geist.
- Machen Sie einen Spaziergang durch den Garten, vielleicht mit einem Becher heißen Tee. Entdecken Sie, was alles wächst und gedeiht.
- Lesen Sie ein spannendes Buch.
- Blättern Sie in einer Zeitschrift, die nichts mit Ihrem Beruf zu tun hat.
- Legen Sie sich für eine Viertelstunde mit Gurkenscheiben auf den Augen und dick eingecremten Händen auf das Sofa.
- Gehen Sie früh zu Bett, auch wenn Sie noch nicht mit dem Bügeln fertig sind.

All diese Dinge sind mit wenig Zeitaufwand zu bewerkstelligen, haben aber einen große Auswirkung auf Ihr persönliches Wohlgefühl. Entscheiden Sie einfach, was sich jetzt für Sie gut anfühlen würde, und tun Sie es. Sich jeden Tag etwas Gutes zu gönnen ist viel befriedigender, als sich mehrere Stunden zusammenzusparen, die man dann versucht ist, mit zu vielen Aktivitäten zu füllen.

Führen Sie jeden Tag ein mindestens fünfminütiges Telefongespräch mit einem Freund oder einer Freundin

Rufen Sie eine Freundin an, schreiben Sie ihr einen Brief oder eine Karte. Es sollte nicht mehr als fünf Minuten Ihrer Zeit kosten. Sie wollen nur kurz Hallo sagen und Neuigkeiten austauschen. Falls Ihre Freundin zu weit weg wohnt, dann schreiben Sie eine Karte oder schicken ihr eine Kleinigkeit, einfach nur um zu zeigen, dass Sie an sie gedacht haben. Wenn Sie selbst von dieser Freundin eine Karte zurückbekommen oder von ihr angerufen werden, dann bringt Sie das bestimmt zum Lächeln oder Lachen – es ist eine kleine Geste, die fast nichts kostet, aber unendlich viel bewirken kann.

Machen Sie jeden Tag jemandem ein Geschenk

Auch damit ist nichts gemeint, was Sie Geld kostet. Es kann sich um einen Gedanken handeln, einen Rat, Zeit, ein Rezept, einen für die Person interessanten Zeitungsartikel, abgelegte Kleidungsstücke für die Kinder, ausgemusterte Romane für die Kirchenbibliothek, die Erlaubnis für einen Angestellten, früher zu gehen, ein Dankeschön für eine gut gemachte Arbeit, ein Dankeschön für ein gemeinsames Mittagessen/Abendbrot, ein paar Minuten ungeteilter Aufmerksamkeit oder eine freundliche Postkarte.

Geben sorgt dafür, dass alle sich gut fühlen. Sie müssen jedoch aufrichtig und aus ganzem Herzen geben, dann fällt es dem anderen leicht zu akzeptieren. Schenken Sie, weil Sie sich im Stillen etwas zurückerhoffen, dann kann es nicht funktionieren. Falls Sie im Zweifel sind, dann schenken Sie einfach eine herzliche Umarmung. Sie wirkt überall Wunder.

Suchen Sie sich jeden Tag etwas, was Sie zum Lächeln oder Lachen bringt

Lachen war schon immer die beste Medizin. Wenn Sie sich jeden Tag etwas suchen, was Sie zum Lächeln oder Lachen bringt, dann weisen Sie den Stress in seine Schranken und fördern Ihre Gesundheit. Lächeln und Lachen ist äußerst entspannend. Überlegen Sie, was Sie zum Lachen bringt, vielleicht eine Szene in einem Film, ein bestimmtes Bild, das Spiel mit Ihren Kindern oder das Gebaren Ihrer Haustiere – und nehmen Sie sich dafür Zeit. Wir nehmen das Leben oft viel zu ernst. Und wenn man sich dann noch in Kleinigkeiten verliert, dann gerät viel zu leicht in Vergessenheit, wie es sich anfühlt, Spaß zu haben. Lachen und Lächeln weitet Ihre Lungen und setzt in Ihrem Gesicht Muskeln in Bewegung, die Sie jünger und lebendiger aussehen lassen. Es sorgt dafür, dass Sie sich gut fühlen und auch so aussehen. Finden Sie jeden Tag etwas zum Lachen und stellen Sie fest, wie viel Spaß das Leben machen kann.

Verzichten Sie während der 30 Tage auf jegliche Bewertungen

Viele von uns bringen den ganzen Tag damit zu, kleine Bewertungen vorzunehmen: der fährt zu schnell, der Lippenstift passt nicht, diese Person ist wirklich lästig, er ist schlecht gelaunt, sie hat sich nicht bedankt, sie ist wirklich erfolgreich, der hat keine Sorgen etc. Fast alles veranlasst uns dazu, Pauschalurteile zu fällen. Doch wenn wir darauf verzichteten, allem und jedem unser Glaubenssystem überstülpen zu wollen, dann würde einiges in unserem Leben leichter gehen und wir wären viel entspannter.

Es gibt ein gutes Mittel, um sich von schlechten Gedanken oder negativer Energie und Bewertungen zu befreien: Legen Sie vor sich beide Hände ineinander, als wollten Sie klatschen. Machen Sie dann mit der rechten Hand eine Wischbewegung über die linke Hand vom Körper weg. Diese Bewegung zeigt an, dass Sie sich von aller Negativität befreien und aufhören, Bewertungen vorzunehmen.

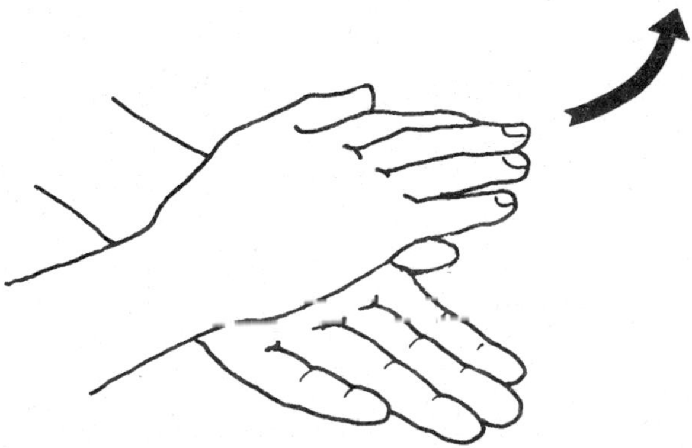

Wenn Sie zum Beispiel in einer Schlange stehen und die Person vor Ihnen Sie irgendwie ärgert, dann legen Sie einfach die Hände ineinander, wischen mit der rechten über die linke und lassen den Gedanken ziehen. Wenn Sie merken, dass Sie tratschen und Bemerkungen über einen abwesenden Dritten machen, dann legen Sie wieder die Hände ineinander, wischen mit der einen über die andere und schicken den Gedanken fort. Werden Sie von jemandem zu einer Sache befragt, die Sie wirklich nichts angeht, dann sagen Sie, dass Ihnen ein Urteil nicht zusteht, und wechseln das Thema.

Bewertungen abzugeben bedeutet, dass man zu nahezu jedem Thema eine Meinung hat. Auf Bewertungen zu verzichten, befreit Ihren Geist, und er kann sich auf wichtigere Dinge konzentrieren, etwa auf Fragen wie: Wie fühle ich mich? Was möchte ich als Nächstes tun? Was ist für mich am besten?

Nehmen Sie sich mindestens vier Tage frei

Diese vier Tage müssen nicht zusammenhängend sein, doch Sie brauchen während des 30-Tage-Programms mindestens vier Tage ganz für sich. Es kann schwierig sein, Zeit für sich zu organisieren. Freizeit muss mit der Familie, mit Freunden, Kollegen usw. abgestimmt werden. Zeit für sich zu beanspruchen, wenn Sie ohnehin frei haben, wie etwa an Wochenenden und Feiertagen, kann noch schwieriger sein. Unsere Gesellschaft ist von der Vorstellung beherrscht, dass man unablässig irgendetwas tun muss. Wir gehen früh zur Arbeit und bleiben lange, um unser Engagement unter Beweis zu stellen. Wir werden Mitglied in einem Fitnesscenter, damit wir vor oder nach der Arbeit hingehen können. Wir sind die meisten Wochenenden unterwegs, um Freunde zu besuchen, und wir schieben Verabredungen zwischen Verabredungen, um die Zeit auch wirklich zu nutzen.

Das ultimative Entgiftungsprogramm will Sie von der Vorstellung befreien, dass Sie jeden Augenblick mit irgendeiner Aktivität füllen müssen, es versorgt Sie mit genug Zeit, um einfach *zu sein.* Während des 30-Tage-Programms brauchen Sie mindestens vier Tage, für die Sie absolut *nichts* einplanen. An diesen Tagen überlassen Sie sich ganz dem Fluss. Sie wachen auf und nehmen sich genug Zeit, um darüber nachzudenken, was Sie gerne tun *möchten.* Wenn Sie feststellen, dass Sie *gar nichts* tun möchten, dann ist das durchaus in Ordnung. Stellen Sie sich vor, Sie seien im Urlaub. Richten Sie sich nach dem Wetter, nach Ihrer Stimmung. Ziehen Sie an, was Ihnen gefällt. Stellen Sie einfach fest, wie Sie sich fühlen, und dann lassen Sie sich davon treiben, wohin auch immer. Entspannen Sie sich, lehnen Sie sich zurück, holen Sie tief Luft und beschränken Sie sich darauf zu *sein.*

Machen Sie alle paar Tage ein wenig Gartenarbeit

Gartenarbeit heißt eigentlich, sich mit Mutter Natur oder den Elementen zu beschäftigen. Gleichgültig, wie sehr wir uns auch bemühen, unsere Umwelt unter Kontrolle zu bekommen, es braucht nicht mehr als den Bruchteil einer Sekunde, um uns daran zu erinnern, wie schutzlos wir den Elementen ausgeliefert sind. Leider scheinen wir die Kraft von Mutter Natur nur dann wahrzunehmen, wenn etwas schief geht. Berichte über Springfluten, Lawinen, Wirbelstürme, Dürren, Schlammlawinen oder auch nur Sonnenbrände machen uns die Gefährlichkeit der Elemente bewusst. Berichte über die Tierwelt, seltene und einzigartig schöne Tiere, überwältigende Landschaften und Berge hingegen vergessen wir. Doch all diese Dinge haben ihren Ursprung in der Natur und in den Elementen. Es gibt geradezu unendlich viele Möglichkeiten, uns energetisch aufzuladen und zu nähren.

- Die Erde speist uns mit Obst und Gemüse.
- Die Erde liefert uns Fleisch in Form von grasenden Rindern, Schafen, Hühnern etc.
- Fisch kommt aus Flüssen, Seen und Meeren auf unseren Tisch.
- Unsere Behausungen werden aus den Stoffen der Erde errichtet – Ziegelsteine bestehen aus Ton, Deckenbalken aus Baumstämmen.
- Die Erde schenkt uns Bekleidung durch Baumwollpflanzen, Seidenraupen, die Wolle der Schafe und Leder aus Kuhhäuten.
- Werkzeuge sind aus dem Eisen in der Erde gemacht.
- Die Erde schenkt uns Treibstoff und Heizmaterial in Form von Öl, Kohle und Brennholz.
- Durch die Sonne oder indirekt durch Sonnenkollektoren kommt Wärme zu uns.
- Wir erhalten Wasser aus dem Himmel oder durch natürliche Quellen.

Ich glaube, Sie verstehen, was ich sagen will. Wie sehr wir auch glauben, für die Erfüllung unserer Bedürfnisse selbst zu sorgen – fast alles für unser Überleben Notwendige kommt von der Erde, aus dem Himmel oder aus den Ozeanen.

Wir nehmen bedenkenlos von der Erde, was immer wir brauchen. Für die Dauer des ultimativen Entgiftungsprogramms und hoffentlich auch darüber hinaus sollen Sie begreifen, wie wichtig es ist, der Erde etwas zurückzugeben.

Gärtnern bringt uns an die frische Luft, setzt uns dem Himmel und der Erde aus und verschafft uns, wenn wir pflanzen oder Unkraut jäten, sogar eine direkte Berührung mit der Erde. Pflanzen heißt, der Erde etwas zurückgeben, auch wenn es sich um Gemüse handelt, welches wir später ernten. Unkrautjäten oder Umgraben heißt, der Erde bei der Erhaltung ihrer Gesundheit und ihrer Produktivität zu helfen. Sich die Zeit zu nehmen, um Pflanzen und Blumen und ihren Duft zu würdigen, heißt, Mutter Erde und die Elemente zu würdigen.

Die Ureinwohner Nordamerikas verstreuen noch heute vor der Ernte ein wenig Tabak (ein Naturprodukt), um ihren Dank zu bezeigen. Ist kein Tabak zur Hand, dann greifen sie zurück auf Münzen (Metall hat seinen Ursprung gleichfalls in der Erde). Wir könnten etwas pflanzen oder wie die Indianer Tabak verstreuen, um der Erde Nährstoffe zurückzugeben. Doch am einfachsten kann man sich bei der Erde bedanken, indem man etwas Gartenarbeit macht: aufräumt, Unkraut jätet, Pflanzen wässert oder die Erde umgräbt. Durch Gartenarbeit geben Sie der Erde etwas zurück, die Arbeit hilft Ihnen zu entspannen und das Resultat bereitet außerdem Freude.

Wenn Sie keinen Garten haben, bepflanzen Sie Ihren Balkon oder stellen ein paar Pflanzen und Kräuter in Töpfen auf die Fensterbank. Pflanzen, umtopfen und pflegen –

all dies sind Möglichkeiten, der Natur etwas zurückzugeben und echte Dankbarkeit für die wichtigen Dinge im Leben zu entwickeln.

Lernen Sie jede Woche etwas Neues

Etwas Neues zu lernen, regt Ihren Geist und Ihre Fantasie an. Es bringt Ihr Gehirn ordentlich in Bewegung und macht Ihnen bewusst, wie lange es schon her ist, dass Sie Ihren Kopf auf diese positive Weise herausgefordert haben.

Etwas Neues zu lernen, kann Ihnen außerdem viel Mühe ersparen: Eine auswendig gelernte Telefonnummer müssen Sie nicht jedes Mal neu nachschlagen, der richtig programmierte Videorecorder hält für Sie die Sendung fest, die Sie schon immer sehen wollten, Geburtstage geraten nicht mehr in Vergessenheit, Wörter werden in Zukunft richtig geschrieben ...

Notieren Sie sich schon während der Vorbereitung auf das ultimative Entgiftungsprogramm vier Dinge, die Sie gerne lernen oder sich merken würden. Im Verlauf der Kur setzen Sie Ihr Vorhaben dann in die Tat um. Informieren Sie Ihren Partner, eine Freundin, Ihre Kinder von Ihrem Vorhaben und lassen Sie sich am Ende der 30 Tage von ihnen auf die Probe stellen.

Und Sie schaffen es! Der Spruch, man soll einen alten Hund nicht zum Jagen tragen, hat für Sie keine Gültigkeit.

Das Körperprogramm

Die Nahrungsmittel und Zusatzstoffe werden eine vollständige Entschlackung und innere Reinigung bewirken, die sich auch äußerlich bemerkbar macht. Das Programm für den Geist hilft Ihnen durchzuhalten und führt zu einer positiven Einstellung zu sich selbst und dem Leben gegenüber. Eine tägliche und wöchentliche Körperpflege wird die Reinigung unterstützen und die Lebenskraft Ihres Körpers und Geistes noch sehr viel mehr stärken.

Nehmen Sie jeden Morgen eine kalte Dusche oder ein kaltes Fußbad

Ideal wäre es, wenn Sie morgens regelmäßig in einem Teich, See oder im Meer schwimmen würden. Das kalte Wasser regt die Durchblutung an, bringt den Kreislauf auf Trab, Muskeln und Haut werden belebt. Doch zum einen haben die meisten Menschen keine Gelegenheit dazu, zum anderen ist dies mit einem recht hohen Zeitaufwand verbunden. Hier ist eine Alternative, für die Sie kaum zwei Minuten brauchen, die es Ihnen erspart, das Haus zu verlassen, und die Ihnen trotzdem alle Vorteile morgendlichen Schwimmens bringt: die kalte Dusche!

Wenn Sie jemals eine kalte Dusche genommen haben, weil heißes Wasser nicht zur Verfügung stand, dann werden Sie sich vermutlich daran erinnern, dass es eine höchst belebende Erfahrung war, nach der Ihnen wärmer war als nach einer heißen Dusche oder einem heißen Bad. In heißem Klima ist es sogar günstiger, lauwarm statt kalt zu duschen, denn eine kalte Dusche würde Ihre Durchblutung anregen und Sie aufwärmen statt abzukühlen.

Nehmen Sie Ihre gewohnte morgendliche Dusche. Kurz bevor Sie fertig sind, drehen Sie das warme Wasser ab und lassen eiskaltes Wasser eine Minute lang über Ihren

Körper laufen. Wenn Sie baden, dann drehen Sie den Kaltwasserhahn auf und bespritzen Ihren ganzen Körper mit kaltem Wasser, während Sie die Wanne leer laufen lassen.

Als Alternative können Sie auch ein kaltes Fußbad nehmen. Dazu stellen Sie Ihre Füße kurz – maximal zwei Minuten – in einen Eimer mit kaltem Wasser. Wenn Sie an einem Gewässer wohnen, können Sie barfuß durch das Wasser waten – auch dies nicht länger als zwei Minuten.

Bürsten Sie jeden Morgen Ihre Haut

Das Trockenbürsten hat inzwischen Eingang in jede Gesundheits- und Schönheitszeitschrift gefunden, und das aus gutem Grund. Das Abstreifen toter Hautzellen trägt dazu bei, Ihrer Haut »das Atmen« zu erleichtern. Es reinigt die Poren und verbessert das Erscheinungsbild der Haut. Tote Haut sieht stumpf aus und reflektiert Licht nur mangelhaft, gesunde Haut hingegen glänzt.

Trockenbürsten wirkt anregend auf den Stoffwechsel, die Durchblutung, den Kreislauf und das Lymphsystem. Der verbesserte Lymphfluss sorgt für einen besseren Abtransport von Abfallstoffen aus den Zellen, dies wiederum fördert die Zellproduktion und Erneuerung der Zellen. Das aktivierte Lymphsystem sorgt außerdem für das Abfließen von angestauter Flüssigkeit und verhindert Wasseransammlung und Ödeme.

Beschaffen Sie sich eine Bürste mit Naturborsten, einen Luffaschwamm oder einen Massagehandschuh aus Sisal oder ähnlichem Material. Reiben Sie Ihre Haut am ganzen

Körper kräftig ab, üben Sie aber immer nur so viel Druck aus, dass es nicht weh tut.

Trockenbürsten – von unten nach oben

- Entkleiden Sie sich bis auf die Unterwäsche oder besser vollständig. Setzen oder stellen Sie sich so hin, dass Sie Zugang zu allen Körperregionen haben. Die Bettkante eignet sich gut oder aber Sie nehmen auf dem Wannenrand Platz und stützen beide Füße nacheinander auf der Toilette ab. Der Körper muss trocken sein.
- Beginnen Sie bei den Füßen und arbeiten Sie sich systematisch hoch bis zu Ihren oberen Körperregionen. Jegliches Bürsten sollte zum Herzen hin erfolgen, Bürsten Sie mit langen und festen Strichen. Setzen Sie die Bürste oder den Handschuh an Ihrem Fußknöchel auf und bürsten Sie in einer einzigen festen Bewegung bis zum Knie. Wiederholen Sie dies mehrmals rund um Schienbein und Wade. Sobald Sie mit dem Unterschenkel fertig sind, bürsten Sie vom Knie bis über den Po.
- Dann bürsten Sie nacheinander beide Arme von den Handgelenken bis zu den Schultern. Der Hals- und Nackenbereich sollte etwas vorsichtiger behandelt werden, da die Haut hier empfindlicher ist. Arbeiten Sie sich von den Schultern über den Nacken bis zum Haaransatz vor.
- Die Brust bürsten Sie sanft im Uhrzeigersinn, ebenso wie den Bauch. Dies ist die Flussrichtung in Ihren Eingeweiden und fördert die Verdauung.

> **Wichtig!**
> Das Gesicht dürfen Sie lediglich mit einer weichen Gesichtsbürste oder mit einem Flanelltuch bearbeiten, denn die zarte Gesichtshaut könnte durch eine zu harte Bürste geschädigt werden.

Die ganze Prozedur sollte nicht mehr als drei bis vier Minuten in Anspruch nehmen. Ihre Haut wird kribbeln, und Sie werden sich warm fühlen, da Sie Ihren Kreislauf stimuliert haben. Schon bald werden Sie bemerken, wie sehr regelmäßiges Bürsten Ihrer Haut hilft. Sie wird sich glatter und zugleich weicher anfühlen und all die trockenen Stellen werden nach und nach verschwinden. Investieren Sie jeden Tag ein wenig Zeit und Sie werden mit zarter Haut belohnt werden.

Machen Sie jeden Tag 30 Minuten Gymnastik

Körperliche Ertüchtigung ist eines der besten Mittel, um das ultimative Entgiftungsprogramm in seiner Wirkung noch zu steigern. Ein paar Gymnastikübungen zu machen kostet Sie nichts, ist mit wenig Aufwand verbunden, und Sie können sie nach Belieben in Ihren Tagesablauf integrieren. Regelmäßige Bewegung hat viele Vorteile. Im Zusammenhang mit unserem Entgiftungsprogramm sind folgende besonders zutreffend:

- Erhöht das Durchhaltevermögen.
- Verringert das Risiko von Dickdarmkrebs.

- Verbessert die Nerven-Muskel-Koordination.
- Verringert arthritische Schmerzen.
- Verringert die Symptome der Wechseljahre.
- Senkt den Blutdruck.
- Sorgt für einen ausgeglichenen Cholesterinspiegel.
- Erhöht die Immunabwehr des Körpers.
- Verringert das Risiko von Übergewicht.
- Baut Fett ab.
- Beugt gegen Herzerkrankungen vor.
- Verbrennt Kalorien.
- Regt Stoffwechsel und Kreislauf an.
- Bekämpft Verstopfung.
- Beugt gegen Osteoporose vor.
- Verringert das Risiko von Brustkrebs.
- Hilft, das Rauchen einzustellen.
- Hilft, den Alkoholkonsum zu reduzieren.
- Erhöht die berufliche Zufriedenheit.
- Bekämpft Depressivität.
- Verhindert die Verringerung der Muskelmasse.
- Baut Ängste ab.
- Reduziert Stress.
- Erhöht die sexuelle Leistungsfähigkeit.
- Fördert Beweglichkeit.
- Steigert die Selbstachtung.
- Verbessert das Gedächtnis.
- Verkürzt Genesungszeiten nach Verletzungen oder Krankheiten.
- Steigert die Konzentrationsfähigkeit.
- Stärkt das Herz-Kreislauf-System.
- Sorgt für einen gesunden Rücken.

- Verbessert den Schlaf.
- Reduziert Medikamentenkosten.
- Steigert Energie und Produktivität.

Es gibt also viele gute Gründe, die für sportliche Ertüchtigung sprechen. Dies sollte Sie motivieren, im Verlauf Ihres ultimativen Entgiftungsprogramms jeden Tag 30 Minuten lang Gymnastik zu machen – und am besten über das Programm hinaus.

Weniger und öfter zu trainieren ist besser als zwei Stunden am Stück einmal die Woche. Nur gelegentlich Gymnastik zu betreiben nützt Ihnen kaum, denn es entsteht kein Trainingseffekt. Dies entmutigt und bringt schnell zum Aufgeben. Täglich 30 Minuten Gymnastik stört Ihren Tagesablauf nicht allzu sehr. Die Zeit ist vorüber, noch bevor Sie sich zu langweilen beginnen, und Sie können bereits nach ein paar Tagen spüren, wie gut Ihnen die zusätzliche Bewegung tut. Außerdem wird Ihnen Sport auf diese Weise mit großer Wahrscheinlichkeit immer mehr Spaß machen. Schon bald werden Sie die täglichen Übungen nicht mehr missen wollen und vielleicht auch länger trainieren. Sie sollten aber eine Trainingsdauer von täglich einer Stunde nicht überschreiten.

Bewegungstipps

Am schwersten ist es, überhaupt erst einen Anfang zu machen. Um sich den Einstieg zu erleichtern, können Sie Ihre »Gymnastik« in Ihren Tagesablauf integrieren, dann ist die Sache erledigt, noch bevor Sie recht darüber nachgedacht haben. Zum Beispiel:

- Machen Sie »unnötige Wege«. Laufen Sie zum Beispiel morgens beim Zeitungsholen oder während der Kaffee durchläuft die Treppe dreimal hinauf und hinunter.
- Wenn Sie die Kinder in der Regel mit dem Auto von der Schule abholen, dann absolvieren Sie die Strecke in nächster Zeit zu Fuß.
- Während Sie Staub saugen, können Sie auf der Stelle laufen, oder Sie machen Streckübungen beim Staubwischen.
- Wo auch immer Sie unterwegs sind – gehen Sie möglichst häufig zu Fuß, machen Sie Umwege und benutzen Sie Treppen anstelle von Aufzügen.
- Wenn Sie am Abend vor dem Fernseher sitzen, dann können Sie Ihre Beine wiederholt anheben und senken, um Ihre Bauchmuskulatur zu trainieren.
- Wenn alle aus dem Haus sind, dann drehen Sie für eine halbe Stunde die Musik auf und tanzen – das fühlt sich gut an und ist obendrein ein gutes Training!
- Statt abends in die Kneipe zu gehen, suchen Sie sich ein Tanzlokal und tanzen Sie, bis Sie nicht mehr können.
- Ersetzen Sie den Sonntagsspaziergang durch ein paar Runden Inline-Skating oder Radfahren.
- Wenn Sie Ihre Kinder ins Schwimmbad bringen, dann sitzen Sie nicht am Rand und sehen zu, sondern springen mit ihnen ins Wasser.
- Sie können sich auch in einem Fitnesscenter anmelden, an der wöchentlichen Gymnastik in der örtlichen Turnhalle teilnehmen, einem Sportverein beitreten oder joggen.

Probieren Sie ruhig verschiedene Möglichkeiten aus, bis Sie die Form sportlicher Betätigung gefunden haben, die Ihnen entspricht. Fordern Sie sich heraus, indem Sie die ungewöhnlichste Ertüchtigungsübung finden, die es nur gibt – und bleiben Sie täglich 30 Minuten dabei.
Als Anregung haben wir für Sie ein kleines Gymnastikprogramm zusammengestellt, das Sie täglich absolvieren können. Es berücksichtigt alle Muskeln, so dass Sie ausgeglichen trainieren. Wenn Sie dabei Ihre tägliche Lieblingsserie anschauen oder Musik hören, vergeht die Zeit wie im Flug.

Gymnastikprogramm

- Gehen Sie fünf Minuten lang mindestens zehn Stufen in normaler Geschwindigkeit hinauf und hinunter. Wenn keine Treppe zur Verfügung steht, gehen Sie fünf Minuten lang in flottem Tempo auf der Stelle, wobei Sie die Knie hochziehen und die angewinkelten Arme mitschwingen lassen (wie unten beschrieben).
- Stehen Sie aufrecht, die Füße etwa schulterbreit auseinander. Heben Sie abwechselnd den linken Arm und den linken Fuß sowie den rechten Arm und den rechten Fuß seitwärts an. Wiederholen Sie dies auf jeder Seite zehnmal. Ihre Arme und Beine sollen dabei leicht angewinkelt sein.
- Stehen Sie aufrecht, die Füße etwa schulterbreit auseinander. Falten Sie die Hände auf der Höhe Ihres Gesichts mit leicht abgewinkelten Armen. Der Schulterbereich soll entspannt bleiben. Nun drehen Sie den Oberkörper langsam zur Seite, bis Sie hinter sich sehen. Spüren

Sie die Spannung in der Bauchmuskulatur und in der Taille. Wiederholen Sie die Drehung zehnmal nach jeder Seite.

- Gehen Sie fünf Minuten lang auf der Stelle und achten dabei darauf, dass Sie die Knie jeweils bis auf Hüfthöhe anheben. Lassen Sie Ihre Arme dabei wie beim Marschieren kräftig mitschwingen. Die Hände sollten bis auf Schulterhöhe gelangen.
- Gehen Sie fünf Minuten lang auf der Stelle und heben dabei Ihre Knie jeweils bis auf Hüfthöhe an. Falten Sie die Hände auf Gesichtshöhe und bringen dabei die Ellbogen dicht zusammen. Während Sie nun gehen, recken Sie die Arme in die Höhe und senken sie wieder bis auf Schulterhöhe ab.
- Laufen Sie fünf Minuten lang auf der Stelle, ohne Ihre Zehen vom Boden zu heben. Sie lösen jeweils nur die Fersen vom Boden und wackeln dabei so viel wie möglich mit den Hüften.
- Stehen oder sitzen Sie mit dem Blick nach vorn. Nun drehen Sie Ihren Kopf langsam von einer Seite zur anderen und blicken dabei erst über Ihre rechte und dann über Ihre linke Schulter. Halten Sie die Spannung jeweils einen Moment lang, dann lassen Sie los und wiederholen den Vorgang nach der anderen Seite.
- Stehen Sie mit den Füßen schulterbreit, halten sich an der Lehne eines Stuhls fest und senken Ihren Körper, bis Ihre Oberschenkel in die Waagerechte gelangen. Halten Sie die Position und zählen dabei bis fünf, dann kehren Sie langsam in den Stand zurück. Wiederholen Sie den Vorgang 15-mal. Beim Heben und Senken pressen Sie

Ihre Pobacken zusammen und spannen die Muskulatur im Hüftbereich an.

- Knien Sie auf dem Boden und setzen Ihre Hände etwa schulterbreit auf. Setzen Sie Ihre Hände etwas weiter vor, bis Ihr Körpergewicht auf ihnen ruht und Sie mit den Knien lediglich die Balance halten. Beugen Sie nun die Arme in den Ellbogen, bis Ihre Nase fast den Boden berührt, und strecken Sie sie wieder. Wiederholen Sie den Vorgang langsam zehnmal.

Hinweis

Alle Übungen mit Ausnahme des Laufens sollten langsam und konzentriert ausgeführt werden. Nutzen Sie Ihr Körpergewicht als Widerstand, um die Wirksamkeit der Übungen zu steigern. Sobald Sie mit den Übungen vertraut sind, können Sie die Zahl der Wiederholungen erhöhen.

Für welche Übungen Sie sich auch entscheiden, Sie sollten sie als etwas betrachten, das Sie verdienen, das Ihnen gut tut und Ihr Entgiftungsprogramm fördert. Man verfängt sich leicht in der Vorstellung, körperliche Ertüchtigung sei harte Arbeit und eine lästige Pflicht, die Körper und Geist auf sich nehmen müssen. In Wahrheit aber lieben sowohl Körper als auch Geist Bewegung und brauchen sie, um wirkungsvoll funktionieren zu können.

Die richtige Körperhaltung

Die Körperhaltung spielt für unsere Gesundheit eine wichtige Rolle, denn unsere inneren Organe benötigen ausreichend Platz, um richtig funktionieren zu können. Wenn wir ihnen diesen Platz nicht lassen, indem wir stark an Gewicht zulegen oder abnehmen, uns zu wenig bewegen oder zusammengesunken am Schreibtisch oder über unserem Essen hocken, dann müssen unsere inneren Organe unsere Haltung kompensieren. Dies kann dazu führen, dass sich die Lungen beim Atmen nicht genügend entfalten können und unser Körper zu wenig Sauerstoff erhält. Die Aufnahme von lebenswichtigen Vitaminen und Mineralstoffen kann reduziert sein, wir können unter Verdauungsstörungen und Kopfschmerzen leiden, und es gibt äußerliche deutlich sichtbare Auswirkungen wie hängende Schultern, schwache Bauchmuskulatur und eingefallene Brust.

Ausreichende und richtige Bewegung verhindert, dass der Körper und die Muskulatur auf die geschilderte Weise beeinträchtigt werden, und etwaige Fehlhaltungen, die sich bereits eingeschlichen haben, werden korrigiert.

Machen Sie jeden Tag fünf Minuten Atemübungen

Jeder weiß, wie wichtig Sauerstoff, frische Luft und eine gute Atmung für unser Überleben sind. Doch wenn Sie jemanden fragen, wie man richtig atmet oder wie sich gute Atmung auswirkt, dann wird derjenige vermutlich Schwierigkeiten haben, Ihnen umfassend Auskunft zu geben.

Tatsächlich kann bereits kurzfristiger Sauerstoffmangel zu

schweren Schäden im Körper oder sogar zum Tod führen. Dennoch unterfordern viele von uns unsere Lungen ständig, so dass der Körper die Vorteile des richtigen Atmens nicht genießen kann. Von Kindheit an bringt man uns bei: »Grade stehen! Bauch rein, Brust raus!« Und wenn wir dann einen tiefen Atemzug nehmen sollen, dann weiten wir beim Einatmen automatisch den Brustraum. Doch indem wir den Bewegungsfreiraum des Bauches einschränken, verhindern wir die Ausdehnung der Lungen nach unten bis in den Bauchraum hinein. Und so gewöhnen wir uns daran, bei jedem Einatmen lediglich ein Drittel unserer Lungenkapazität auszunutzen.

Das Gleichgewicht zwischen Körper und Geist wird durch die Atmung ebenfalls beeinflusst. Wenn Sie angespannt sind und unter Stress stehen, dann ist Ihre Atmung kurz und flach, und es fällt Ihnen schwer, klare Gedanken zu fassen. Ihre Bewegungen werden fahrig und Sie sind unruhig.

Um richtig zu atmen, müssen Sie einfach Ihre Bauchmuskeln entspannen, langsam durch die Nase einatmen und so lange Luft aufnehmen, bis Sie das Gefühl haben, bis auf den Grund Ihres Magens mit Luft gefüllt zu sein. Dann haben Sie Ihr Zwerchfell ausreichend entspannt und somit Ihre Lungen vollständig gefüllt. Anfangs wird sich dies vielleicht ungewohnt anfühlen, doch schon bald werden Sie diese Art Atmung als normal empfinden und gar nicht mehr weiter darüber nachdenken müssen.

- Setzen oder legen Sie sich bequem hin – falls erforderlich können Sie Ihre Lendenregion stützen.
- Legen Sie Ihre Hände auf Ihren Bauch, wobei sich die Fingerspitzen eben berühren.
- Atmen Sie sehr langsam durch die Nase ein, und zählen Sie dabei im Geist bis vier. Dabei sollten Sie spüren, wie sich Ihr Bauch füllt und wie sich die Berührung Ihrer Fingerspitzen auflöst.
- Halten Sie den Atem an, und zählen Sie dabei bis vier. Dann atmen Sie durch den Mund wieder aus und zählen dabei langsam bis acht.
- Atmen Sie mindestens zehnmal ein und aus. Danach werden Sie sich sehr viel entspannter und »zentrierter« fühlen. Schließlich werden Sie Ihre Hände nicht mehr brauchen, um sicher zu sein, dass Sie statt in den Brustraum in den Bauch atmen.

Anfangs wird sich diese Atemweise merkwürdig für Sie anfühlen, weil Sie es vielleicht nicht gewohnt sind, Ihre Bauchmuskulatur so zu dehnen. Doch schon nach ein paar Minuten wird Ihnen die Atmung natürlicher vorkommen.

Die Tiefenatmung vermindert die Herzfrequenz und den Puls. Je tiefer Sie einatmen, desto mehr Sauerstoff nehmen Sie auf. All diese Faktoren sorgen für eine Verbesserung Ihrer Gesundheit. Die Atemübung eignet sich gut, wenn Sie gestresst sind, nicht schlafen können oder wenn Sie einfach Ihre Batterien aufladen wollen.

Entspannen Sie sich jeden Tag für zehn Minuten

Wenn Sie fit, gesund und entgiftet sind, dann kann Entspannung zu einem Dauerzustand werden. Dies bedeutet nicht, dass Sie faul herumliegen und nichts tun. Entspannung heißt, dass Sie Dinge auf eine Weise tun, die Ihrem Körper nicht schadet und Sie nicht unnötig in Stress versetzt. Beispielsweise halten Sie vollkommen ruhig und entspannt vor einigen hundert Menschen einen Vortrag, oder Sie stehen mit Ihren vier ungeduldigen Kindern in einer Schlange an der Supermarktkasse und sind nicht aus der Ruhe zu bringen – weil Sie sich einer Reihe einfacher Techniken bedienen.

Sobald Sie gelernt haben, körperliche Ertüchtigung mit korrekter Atmung zu verbinden, wird es Ihnen leicht fallen, die Kontrolle zu behalten, ruhig, zuversichtlich und entspannt zu bleiben.

Wir haben im vorangegangenen Abschnitt bereits über die Atmung gesprochen und darüber, wie wichtig sie ist, um entspannt zu bleiben. Wir haben uns außerdem mit Affirmationen beschäftigt (siehe Seite 40) und gezeigt, wie diese Ihnen Selbstvertrauen schenken und das Erreichen Ihrer Ziele in greifbare Nähe rücken können. Wenn Sie fest darauf vertrauen, dass Sie sich Ihre Wünsche im Leben erfüllen können, dabei »zentriert und geerdet« sind und gut auf Ihre Atmung achten, dann ist Ihnen echte Entspannung gewiss. Selbstverständlich wird es auf dem Weg immer ein paar Hürden zu überwinden und ein paar Stolpersteine auszuräumen geben. Doch wenn Sie auf sich selbst vertrauen, dann können Sie entspannt auf die Erfüllung Ihrer Wünsche hinarbeiten.

Machen Sie die folgende Entspannungsübung einmal täglich und spüren Sie in sich den Fluss der Ruhe. Je häufiger Sie diese Entspannung aktiv üben, umso leichter wird sie Ihnen fallen.

Entspannungsübung

Suchen Sie sich zum Üben einen ruhigen Ort und sorgen Sie dafür, dass Ihnen warm ist. Wenn Sie mit Musik entspannen wollen, wählen Sie melodische, friedliche Musik aus.

Legen Sie sich auf den Fußboden oder setzen Sie sich bequem auf einen Stuhl.

- Schließen Sie Ihre Augen, und beginnen Sie, tief in den Bauch ein- und auszuatmen (siehe Tiefenatmung Seite 65).
- Nachdem Sie eine Weile entsprechend den Anweisungen geatmet haben, sollten Sie feststellen können, dass Ihr Atem langsamer geworden ist. Diese Veränderung sollte sich für Sie natürlich anfühlen.
- Wenn Sie einatmen, dann stellen Sie sich vor, dass die Luft warm und golden ist. Ihre Körper badet in diesem warmen, goldenen, beruhigenden und positiven Licht.
- Achten Sie nun darauf, wie Ihr Körper sich anfühlt. Denken Sie beim Einatmen an Ihre Füße und Knöchel. Sind sie angespannt? Wenn ja, entspannen Sie sie.
- Wenn Sie ausatmen, dann stellen Sie sich vor, dass die ausgeatmete Luft alt und verbraucht ist. Die Luft, die Sie einatmen, ist hingegen neu und frisch.

- Beim nächsten Einatmen denken Sie an Ihre Waden und Knie. Stellen Sie sich vor, wie die warme Luft durch die angespannten Muskeln strömt und sie in Licht badet. Atmen Sie die alte Luft aus.
- Atmen Sie ein und stellen Sie sich Ihr Kniegelenk und Ihre Oberschenkel vor. Entspannen Sie und atmen Sie die verbrauchte Luft aus.
- Spüren Sie, wie die Luft in Ihren Unterleib gelangt, dort alle Spannungen auflöst und dem Becken wohl tut. Atmen Sie die schlechte Luft aus.
- Sehen Sie, wie das goldene Licht durch Ihren Bauch, das Zentrum von Geist und Gefühl, wirbelt, ihn reinigt und entspannt.
- Beobachten Sie, wie das Licht zwischen die Rippen eindringt, Ihre Lungen und den Brustkorb mit warmer, heilender Luft füllt.
- Nehmen Sie wahr, wie jeder einzelne Finger von goldenem Licht durchdrungen wird und wie sich dieses Licht in Ihre Hände und Unterarme hinein ausbreitet.
- Atmen Sie die Energie in Ihre Schultern und in Ihren Nacken. Spüren Sie, wie Ihr Nacken sich entspannt und wie die Entspannung sich in den Kopf hinein ausbreitet.
- Nun verschaffen Sie dem Licht Zugang zu jeder einzelnen Haarwurzel. Ihre Kopfhaut fühlt sich belebt und erfrischt an.
- Bei jedem Ausatmen befreien Sie sich von Abfallstoffen. Bei jedem Einatmen erfüllen Sie sich mit neuem Leben.
- Sobald Sie das Leben im Inneren Ihres Körpers erneuert

haben, sollen Sie herausfinden, wo die Quelle Ihres neuen Atems und des neuen Lichts ist.

- Blicken Sie mit geschlossenen Augen nach oben und sehen Sie den Lichtstrahl, der sich von oben auf Ihren Körper herabsenkt. Sehen Sie, wie er sich bis in Ihren Bauch hinein ausbreitet. Sie sind direkt mit der Lichtquelle verbunden und dürfen davon so viel nehmen, wie Sie benötigen.
- Atmen Sie tief. Atmen Sie alles ein, was Sie brauchen.
- Sobald Sie bereit dazu sind, holen Sie Ihr Bewusstsein wieder in Ihren Körper und in den Raum zurück.
- Öffnen Sie langsam Ihre Augen. Warten Sie noch einen Augenblick, bevor Sie sich aufsetzen und dann schließlich aufstehen.
- Sie sollten sich nun ganz und gar entspannt und belebt fühlen. Das haben Sie gut gemacht!

Machen Sie jeden dritten Tag ein Körperpeeling

Das Körperpeeling hat all die Vorzüge des Trockenbürstens, kann jedoch ein entspannender, ruhiger oder sogar verwöhnender Bestandteil Ihres ultimativen Entgiftungsprogramms sein. Für ein Körperpeeling brauchen Sie Wasser und ein selbst gemachtes oder fertig gekauftes Peeling. Es wirkt im Allgemeinen sanfter auf die Haut als das Bürsten und kann daher auch im Gesicht und den empfindlicheren Hautpartien angewandt werden.

Das Körperpeeling wirkt am besten, wenn Sie es mit einem schönen, entspannenden Bad verbinden. Sie können es aber auch unter der Dusche vornehmen: Zuerst duschen Sie; dann drehen Sie das Wasser ab und tragen das Peeling auf wie unten beschrieben; danach waschen Sie die Paste in einem zweiten Duschgang wieder ab.

Selbst gemachtes Peeling

Das folgende Rezept reicht für ein Vollbad: Geben Sie einen Esslöffel Hagelsalz (bei empfindlicher Haut nehmen Sie normales Salz), zwei Esslöffel Oliven- oder Salatöl, einen Esslöffel dickflüssigen Honig und ein paar Tropfen Fenchel- oder Pfefferminzöl in eine Plastikschüssel. Vermischen Sie alles zu einer weichen Paste. Das Salz übernimmt die Aufgabe des Peelings, Öl und Honig führen der Haut Feuchtigkeit zu, und die Öle stimulieren Verdauung und Entgiftung.

Alternativ können Sie auch Ihr Lieblingskörperöl in ein Peeling verwandeln, indem Sie ein wenig davon in einen kleineren Behälter umfüllen und Salz hinzugeben.

Körperpeeling in der Badewanne

- Lassen Sie die Wanne voll laufen, und geben Sie ein paar Tropfen Ihres Lieblingsbadeöls oder Schaumbads in das Wasser. Steigen Sie in die Wanne und entspannen Sie sich!
- Lassen Sie mindestens zehn Minuten vergehen, bevor Sie sich Ihrem Körperpeeling zuwenden. So haben Sie genug Zeit, sich zu entspannen, Ihre Haut weicht auf, die Poren öffnen sich. Danach haben Sie zwei Möglichkeiten.

- *Variante 1:* Sie steigen aus der Wanne und massieren Ihr Peeling fest mit kleinen und großen Kreisbewegungen in Ihren Körper ein. Kümmern Sie sich besonders um die Bereiche, wo die Haut hart ist (Fersen, Knie, Ellbogen etc.), und reiben Sie so fest, wie es Ihnen noch angenehm ist. Die gesamte Prozedur sollte etwa drei bis vier Minuten dauern. Wenn Sie den ganzen Körper abgerieben haben, steigen Sie wieder in die Wanne und setzen dort die kreisförmigen Reibebewegungen fort, bis die Masse vollständig abgewaschen ist. Verlassen Sie die Badewanne, und trocknen Sie sich mit einem Handtuch ab. Sobald Sie trocken sind, tragen Sie ein gutes Körperöl auf und packen sich warm ein. Am besten ist es natürlich, direkt ins Bett zu gehen!
- *Variante 2:* Sie bleiben in der Wanne, heben Ihre Gliedmaßen nacheinander aus dem Wasser und nehmen das Peeling wie oben beschrieben mit festen kreisförmigen Bewegungen vor. Sobald Sie einen Körperteil fertig haben, senken Sie ihn wieder ins Wasser und bearbeiten die Haut dort weiter, bis die Paste abgespült ist. Den Po bearbeiten Sie, indem Sie sich in die Wanne knien. Wenn Sie fertig sind, trocknen Sie sich ab wie oben beschrieben, cremen sich ein und halten sich anschließend gut warm.

Nehmen Sie alle fünf Tage ein Wannenbad mit Bittersalz

Für nahezu alle Zellaktivitäten benötigt unser Körper Magnesium. Bittersalz ist reines Magnesiumsulfat, ein Bad darin gestattet es folglich der Haut, Magnesium aufzunehmen. Das Magnesiumsulfat entzieht dem Körper außerdem Gifte. Möglicherweise transpirieren Sie nach dem Bad noch eine ganze Weile. Dies ist jedoch nicht das übliche Schwitzen, sondern Sie werden sich eher so fühlen, als hielten Sie sich in einem äußerst feuchten Raum auf. Es ist entscheidend, dass Sie sich gut warm halten - nicht nur, um die Wirkung des Magnesiums zu steigern, sondern auch, damit Sie sich nicht erkälten.

Bittersalzbäder regen den Blutkreislauf an und beschleunigen die Ausscheidung von Giften.

Bittersalzbad

Lassen Sie sich ein Bad ein, dass warm genug ist, damit Sie es 10 bis 15 Minuten darin aushalten, aber auch nicht zu heiß. Geben Sie etwa ein Kilo Bittersalz (erhältlich in Apotheken) in das Badewasser und sorgen dafür, dass es sich auflöst. Steigen Sie in die Wanne und halten Sie einen Massagehandschuh bereit.

Sitzen Sie mindestens fünf Minuten lang in der Wanne, bevor Sie mit der Körpermassage anfangen. Beginnen Sie zunächst mit langsamen, sanften Zügen; sobald Sie sich ein wenig daran gewöhnt haben, können Sie etwas fester massieren. Wahrscheinlich wird Ihnen nun recht bald sehr warm werden, dann das Magnesium hat eine wärmende Wirkung. Massieren Sie dann sanfter und lassen das Bittersalz wirken, während Sie entspannen. Wenn Sie aus der Wanne steigen, trocknen Sie sich sanft ab und wickeln sich für die nächste halbe Stunde in eine Decke, um warm zu bleiben.

Bittersalzbäder wirken äußerst entspannend und wärmend, sie lindern Gelenk- und Muskelschmerz. Wenn Sie vor dem Zubettgehen ein Bittersalzbad nehmen, werden Sie ausgezeichnet schlafen. Oder aber Sie nehmen Ihr Bittersalzbad im Laufe des Tages, wickeln sich in eine Decke und machen es sich auf dem Sofa gemütlich.

Wichtig!

Nehmen Sie ein Bittersalzbad nur dann, wenn Sie nicht unter Hautkrankheiten leiden und keine Schnitt- oder Schürfverletzungen haben.

Gönnen Sie sich alle zwei Wochen eine professionelle Körperbehandlung

Heutzutage gibt es zahlreiche Körperbehandlungen, die Sie im Kosmetiksalon oder bei spezialisierten Therapeuten bekommen können. Dabei kann es sich um eine reguläre kosmetische Gesichtsbehandlung handeln, um Maniküre, Pediküre oder aber um Massage in allen Variationen. Welche Bedürfnisse Sie auch haben, es gibt bestimmt eine Behandlung, die Ihren Wünschen genau entspricht. Lassen Sie sich Zeit beim Herausfinden, welche die richtige für Sie ist. Manche Behandlungen gehen sehr tief, andere bleiben eher an der Oberfläche. Wieder andere arbeiten auf einer energetischen Ebene oder aber sie sind sehr körperorientiert. Für welche Behandlung Sie sich auch entscheiden – die meisten dieser Methoden basieren mehr oder weniger auf Massage. Und Massage eignet sich aus den folgenden

Gründen hervorragend zur Unterstützung Ihres Entgiftungsprogramms:

- Massage wärmt und entspannt die Muskulatur.
- Massage löst Spannungen auf und reduziert Stress.
- Massage unterstützt den Blutkreislauf und verbessert das Immunsystem.
- Massage hilft dem Körper, überschüssige Flüssigkeiten und Abfallstoffe auszuscheiden.
- Massage verbessert den Lymphfluss und damit das Erscheinungsbild der Haut, insbesondere in Bereichen, die für Zellulitis anfällig sind.
- Massage senkt den Blutdruck.
- Massage kräftigt die Muskulatur.
- Massage ermöglicht dem Körper ein passives Training.

Im Folgenden stellen wir Ihnen einige Körpertherapien vor, die zu dem Entgiftungsprogramm passen. Einige davon sind Behandlungen, die ein Fachmann vornehmen muss und bei denen Sie selbst relativ passiv sind. Andere sind Körperübungen, die Sie bei einem Profi erlernen müssen, dann aber selbstständig ausüben können.

- Klassische Massage
- Aromatherapie
- LaStone-Therapie
- Reflexzonenmassage
- Shiatsu
- Yoga
- Tai-Chi

Massage

Massage ist eine der ältesten Behandlungsformen. Sie kann an einzelnen Körperteilen wie etwa an den Füßen oder am gesamten Körper erfolgen. Ihre zahlreichen Vorteile wurden oben schon aufgeführt.

Es gibt verschiedene Bezeichnungen für leicht unterschiedliche Methoden, doch basieren alle auf der klassischen Massage und damit auf drei ursprünglichen Grifftechniken: *Effleurage*, *Pettrisage* und *Tapotement*.

Bei der *Effleurage* (Streichungen) liegen die flachen Hände auf der Haut auf. Größere Flächen werden mit langen Bewegungen ausgestrichen, vom unteren Körperende bis hinauf zum Kopf und wieder zurück. Mit den Streichungen werden Muskeln und Haut erwärmt und der Blutkreislauf angeregt. Sie dient als Vorbereitung auf die Tiefenmassage.

Pettrisage (Knetungen und Walkungen) wirkt tiefer. Hier wird die Haut, werden die Muskeln geknetet, gewrungen und gezogen. Sie dient der Tonisierung der Muskeln und der Haut und der Auflösung von Verkrampfungen und Anspannungen.

Tapotement (Klopfungen) verlangt schnell aufeinander folgende Massagebewegungen. Beim Klopfen bearbeiten die zu Fäusten geformten Hände trommelnd das Fleisch, wirken so auf die tieferen Muskelschichten ein und steigern den Blutkreislauf. Schnelle Bewegungen sind auch das Hacken, wobei der Körper mit den Handkanten bearbeitet wird, und das Schröpfen, wobei mit der hohlen Hand in einer raschen Bewegungsfolge ein Unterdruck erzeugt wird, was die Haut durchblutet.

Es gibt noch weitere Grifftechniken, wie Reiben und Zirkeln oder Vibration, die bei der klassischen Massage wie auch bei anderen Massageformen ebenfalls zum Einsatz kommen.

Während der Massage liegt der Klient entweder nackt oder in Unterwäsche auf einer Liege. Sein Körper sollte mit Decken oder Handtüchern bedeckt und der Raum warm und still sein. Alle Massagebewegungen sollten zum Herzen hin erfolgen, da so der Fluss des Blutes durch den Körper unterstützt und sowohl Blut- wie Lymphfluss angeregt wird. Die ersten Massagebewegungen müssen entspannend, wärmend und weich sein und dürfen keine Schmerzen verursachen. Ein gewisses Maß an Unbehagen ist vertretbar, doch Schmerzen wären fehl am Platze. Die Massagebewegungen erfolgen am besten in Übereinstimmung mit der Atmung und in gleichbleibendem Rhythmus. Mit fortschreitender Behandlung und sobald die Muskeln genügend aufgewärmt sind, können die Massagebewegungen kräftiger und intensiver werden. Der Masseur »melkt« nun die Gifte aus der Muskulatur und befreit den Körper von möglichen Ablagerungen. Dies fühlt sich möglicherweise unangenehm an, doch ist es erforderlich, um Verkrampfungen und Anspannungen zu lösen.

Egal, aus welchem Grund Sie sich massieren lassen, die Massage sollte in Ihnen ein Gefühl von Entspannung und Wohlbehagen auslösen. Wenn die Massage richtig durchgeführt wurde, dann fühlen Sie sich danach zwar »durchgewalkt«, aber auch erfrischt und belebt. Erschöpfung, Schmerzen oder gar blaue Flecken sind nicht das Ziel einer Massage.

Als Bestandteil einer Entgiftung wirkt Massage wunderbar. Die weniger tiefen Griffe entspannen und erwärmen Sie; die tieferen nehmen sich Ihrer Muskelknoten an und aktivieren Ihren Blutkreislauf; und die belebenden Griffe stimulieren Sie und geben Ihnen ein Gefühl von Frische und Lebendigkeit.

Damit die Hände besser auf der Haut gleiten können, verwenden Masseure meist ein Massageöl. Dies kann ein neutrales Öl sein oder ein Trägeröl, das mit ätherischen Ölen versetzt ist. Das ätherische Öl kann unterstützend wirken, spielt bei der klassischen Massage jedoch keine bedeutende Rolle.

Aromatherapie

Aromatherapie basiert auf ätherischen Ölen, die aus Pflanzenextrakten gewonnen werden. Es gibt verschiedene Methoden, diese Öle einzusetzen, und Massage ist eine der wichtigsten. Im Gegensatz zu der klassischen Massage hat eine aromatherapeutische Massage das Ziel, die optimale Aufnahme der ätherischen Öle durch das Gewebe zu gewährleisten. Die Behandlung erwärmt den Körper und erhöht die Blutzirkulation, damit die Öle über die Haut absorbiert werden. Es sind die Öle, die im Körper Reaktionen auslösen, nicht die Behandlung.

Eine aromatherapeutische Massage verläuft ähnlich wie eine klassische Massage, doch die Griffe sind etwas sanfter. Wenn Sie Massage-Neuling sind, sollten Sie mit der aromatherapeutischen Massage nicht selbst experimentieren, sondern sich in die Hände eines ausgebildeten Aromatherapeuten begeben.

Wichtig!

Bitte bedenken Sie, dass ätherische Öle nicht zur Anwendung kommen sollten, wenn Sie schwanger sind oder versuchen, schwanger zu werden, es sei denn, sie werden durch einen ausgebildeten Aromatherapeuten verschrieben. Ätherische Öle eignen sich außerdem nicht für die innerliche Anwendung.

Ätherische Öle sollten Sie immer mit Bedacht verwenden. Sie haben eine starke Wirkung – giftige und gefährliche Stoffe wie Digitalis oder Opium basieren auf ätherischen Ölen. Wählen Sie darum ein Öl niemals nur deshalb aus, weil es so gut riecht. Es kann gefährliche oder zumindest unangenehme Nebenwirkungen haben; allergische Reaktionen auf ätherische Öle sind nicht selten. Experimentieren Sie nicht auf eigene Faust, sondern lassen Sie sich von einem Aromatherapeuten beraten oder schlagen Sie in entsprechenden Büchern nach.

Es gibt Hunderte von ätherischen Ölen. Die meisten sollten den erfahrenen und professionellen Heilpraktikern überlassen bleiben, doch gibt es einige, die Sie gefahrlos im Rahmen einer Entgiftung anwenden können. Befolgen Sie jedoch immer sorgsam die Anweisungen, wenn Sie Öle für Bäder, zum Inhalieren oder für die Selbstmassage einsetzen. Und vergessen Sie nicht: Ätherische Öle sollten immer verdünnt angewendet werden. Vorschläge für Anwendungen und Informationen über ätherische Öle, die speziell zur Entgiftung geeignet sind, finden Sie im Anhang (Seite 228).

Ätherische Öle werden durch die Haut und über unseren Geruchsapparat (Inhalation) in den Körper aufgenommen. Die Haut ist eine halbdurchlässige Membran, und die Moleküle der ätherischen Öle, die durch die Haut in den Blutstrom gelangen, zeigen sofort nach dem Auftragen Wirkung. Die Wirksamkeit der Öle bleibt so lange erhalten, wie sich noch Bestandteile auf der Haut finden. Sobald die Moleküle in den Blutstrom gelangen, erreichen Sie das Gehirn und lösen dort eine Reaktion aus, die für das jeweilige Öl typisch ist. Wenn wir den Duft des ätherischen Öls inhalieren, gelangen die Moleküle direkt durch die Windungen der Nasengänge ins Gehirn. So kann es seine Wirkung schneller entfalten.

Als Badezusatz werden ätherische Öle in etwas Milch, Sahne oder in hochprozentigem Alkohol aufgelöst (am besten Wodka, der ohne Eigengeruch und Zuckerrückstand ist). Diese Flüssigkeiten spalten das ätherische Öl auf, es kann sich so gleichmäßig verteilen, und es kommt seltener zu Hautirritationen.

Sie können das ätherische Öl auch in einem neutralen Trägeröl auflösen, beispielsweise Mandelöl oder Sonnenblumenöl. Dies macht Ihr Bad recht ölig, was ideal für eine trockene Haut ist. Doch wenn Sie wenig Zeit haben und sich gleich nach dem Bad ankleiden müssen, dann ist ein anderes Lösungsmittel besser geeignet, weil es von der Haut schneller aufgenommen wird. Nach einem Ölbad sollten Sie sich außerdem nicht mit Seife oder Gel waschen, da diese die Wirkung natürlicher Öle zerstören.

Ätherisches Öl als Badezusatz

Um ätherische Öle als Badezusatz zu verwenden, müssen Sie in einer Trägersubstanz aufgelöst werden, sonst verteilen Sie sich im Badewasser nicht richtig. Das Mischungsverhältnis beträgt: ein Esslöffel Trägersubstanz auf zwei bis vier Tropfen ätherisches Öl. Als Trägersubstanzen sind geeignet:

- Milch oder Sahne.
- Hochprozentiger Alkohol, z.B. Wodka.
- Neutrales Öl, z.B. Mandelöl oder Sonnenblumenöl.

- Lassen Sie ein Bad ein, das heiß genug ist, damit Sie es 15 bis 20 Minuten darin aushalten können. Wenn die Wanne voll ist, geben Sie Ihre Ölmischung ins Badewasser.
- Schließen Sie alle Fenster, damit der Dampf nicht entkommen kann. Vielleicht wollen Sie auch ein paar Kerzen anzünden, um eine entspannende Atmosphäre zu schaffen. Tauchen Sie Ihren Körper nach und nach ins Wasser ein. Konzentrieren Sie sich darauf, langsam und tief zu atmen und dabei die Dämpfe des Öls aufzunehmen. Geben Sie Ihrer Haut die Gelegenheit, möglichst das gesamte Öl aufzunehmen. Sie sollten sich vollständig entspannen.
- Sobald Sie Ihr Bad beendet haben, steigen Sie gemächlich aus der Wanne. Tupfen Sie sich vorsichtig trocken, damit so viel wie möglich von dem Öl auf Ihrer Haut

bleibt. So kann es als natürlicher Feuchtigkeitsspender wirken und das ätherische Öl wird weiter aufgenommen. Wenn Sie sich nach dem Bad ankleiden müssen, dann sollten Sie das Öl so einziehen lassen, wie Sie es auch mit einer Feuchtigkeitscreme tun würden.
- Idealerweise haben Sie nun Zeit zum Entspannen oder gehen direkt ins Bett.

LaStone-Therapie

Die LaStone-Therapie ist eine relativ neue Behandlungsform, die jedoch auf uralten Fundamenten steht. Hier wird mit erhitzten Basaltsteinen und tiefgekühlten Marmorsteinen massiert. Die moderne Variante wurde von einer Dame namens Mary Hannigan in Tuçson, Arizona, erfunden. Sie kombiniert Thermotherapie (die Verwendung von Hitze und Kälte) mit spiritueller und Energie-Arbeit, dadurch kommt der Klient ins Gleichgewicht, fühlt sich geerdet und erneuert.

Bei der Behandlung liegt man wie bei der Massage auf einer Liege, und es werden heiße Steine auf die Energiezentren (Chakren) des Körpers gelegt. Dann wird man mit tiefen und auch sanften Griffen bearbeitet – dabei hat der Masseur einen heißen oder kalten Stein in der Hand. Sobald die Steine abgekühlt sind, werden sie ausgetauscht. Die Wärme wirkt intensiv auf die Energiezentren, und der Wechsel zwischen Wärme und Kälte am übrigen Körper ist anregend.

Ätherische Öle können Bestandteil der Behandlung sein, oder aber der Masseur verwendet lediglich ein Basisöl, um die Steine leichter über die Haut zu bewegen. Personen, die

sich der LaStone-Therapie unterzogen haben, berichten, man fühle sich getröstet und wie in die Gebärmutter zurückgekehrt. Die heißen Steine wirken wie kleine Wärmflaschen, die kalten werden als erfrischend und belebend empfunden.
Diese Behandlung wird beispielsweise in Wellness-Hotels und Gesundheitsfarmen angeboten. Probieren Sie es einmal aus, wenn Sie die Gelegenheit dazu haben – Sie werden begeistert sein!

Reflexzonenmassage

Die Reflexzonenmassage basiert auf der Vorstellung, dass es Punkte oder Bereiche an den Füßen gibt, die mit Organen und Systemen im Inneren des Körpers in Beziehung stehen. Indem der Behandler an diesen Zonen oder Punkten arbeitet, kann er kranke, aus dem Gleichgewicht geratene oder geschwächte Bereiche innerhalb des Körpers behandeln.
Diese Form der Massage ist bereits aus der Zeit der alten Ägypter bekannt, und die Physiotherapeutin Eunice Ingham dokumentierte sie zu Beginn des 20. Jahrhunderts umfassend. Sie war davon überzeugt, dass der Körper von zahlreichen Energiebahnen (Meridianen) durchzogen wird und dass man in bestimmten Bereichen des Körpers, zum Beispiel in den Füßen, leichter Zugang zu diesen Energiebahnen finden würde als in anderen. Eunice Inghams Arbeit ist die Grundlage dessen, was wir heute als Reflexzonenmassage kennen.
Während einer Reflexzonenmassage sitzt oder liegt der Klient auf einer Liege, und der Masseur behandelt in

einer bestimmten vorgegebenen Abfolge die Reflexzonen oder -punkte an beiden Füßen. Wenn die Massage an bestimmten Stellen Schmerzen verursacht, gibt dies dem Masseur Auskunft über Störungen in dem dazugehörigen Organ. Die betroffenen Bereiche müssen dann besonders vorsichtig und intensiv bearbeitet werden.

Da durch die Massage Störungen in bestimmten Bereichen erkannt werden können, ist Reflexzonenmassage ein ausgezeichnetes Diagnosemittel, um Krankheiten oder Schwachstellen zu ermitteln. Eine entsprechende Behandlung kann verhindern, dass erste Symptome sich zu gravierenden Krankheiten entwickeln.

Während des ultimativen Entgiftungsprogramms arbeiten Ihre inneren Systeme vermutlich schwerer oder zumindest anders als sonst. Reflexzonenmassage hilft dem Körper, sich zu entgiften, indem sie innere Organe wie Nieren und Leber ins Gleichgewicht bringt und den Verdauungsapparat bei seiner Selbstreinigung unterstützt, ohne übermäßigen Druck auszuüben. Mit Hilfe der Reflexzonenmassage kann außerdem festgestellt werden, was Ihr Körper braucht oder auch einfach, was er gerade durchmacht. Wenn Sie sich während Ihrer Entgiftung eine Reflexzonenbehandlung gönnen, dann werden Sie feststellen, dass empfindliche Punkte häufig auf Blase, Nieren und den Verdauungsapparat verweisen, denen während des Programms mehr also sonst abverlangt wird. Der Reflexzonenmasseur wird diese Punkte eigens bearbeiten, um sie für die fortgesetzte Entgiftung in einen optimalen Zustand zu bringen.

Im Rahmen der Wochenendentgiftung wird eine Fußmassage beschrieben, die Sie selbst vornehmen können und bei der alle Reflexzonen massiert werden (siehe Seite 152).

Shiatsu

Shiatsu ist eine weitere östliche Behandlungstechnik, die der Gesundheitsförderung dient. Sie basiert auf den gleichen Annahme wie die Reflexzonenmassage, dass es nämlich Energiebahnen im Körper gibt, die verschiedene Organe und Körperbereiche miteinander in Beziehung setzen. Die Technik des Shiatsu ähnelt der chinesischen Akupressur: Auf bestimmte Körperpunkte, die durch Meridiane mit bestimmten Organen verbunden sind, wird fester Druck ausgeübt. Diese Stellen befinden sich am ganzen Körper.

Bei der Akupressur und Reflexzonenmassage wird nur mit den Fingern massiert, bei Shiatsu arbeitet der Masseur auch mit Ellbogen, Knien und anderen Körperteilen. Die Massage belebt den Patienten und beseitigt Energieblockaden. Dies wiederum verursacht größere Fitness, fördert die Entschlackung und sorgt für einen gleichmäßigen Energiefluss.

Yoga

Yoga ist eine körperliche Variante von Meditation. Statt nur Ihres Atems setzen Sie Ihren ganzen Körper ein, um geistige und körperliche Veränderungen herbeizuführen. Einige der fortgeschritteneren Haltungen wirken so, als seien Sie mit normaler menschlicher Beweglichkeit nicht zu erreichen, doch wenn man sich langsam zu ihnen vorarbeitet, dann sind auch sie durchaus machbar. Der Entspannungsgrad Ihres Geistes entscheidet über die Beweglichkeit Ihres Körpers. Wer die Bewegungen ohne das rechte Maß an Entspannung durchführen will, der riskiert Verletzungen. Wenn Sie Yoga eine Weile praktiziert haben, dann werden die Übungen in Ihnen emotionale, körperliche und geistige Ruhe hervorrufen.

Yoga stärkt Ihre Muskulatur, Ihre inneren Systeme und Organe, denn die Positionen üben vorübergehend Druck auf sie und ihre Umgebung aus. Die Übungen sorgen für die Beweglichkeit und Gesundheit Ihrer Gelenke und Wirbelsäule, kräftigen und unterstützen sie. Jede Yogaübung verfolgt ein ganz bestimmtes Ziel. In einer idealen Yogastunde werden alle Körperbereiche gelockert und befreit, und Sie erreichen in der Folge geistige und körperliche Klarheit. Mit der Bewegung zu atmen und den Atem anzuhalten, verlangt Konzentration und Balance. Im Yoga gibt es keine heftigen und schnellen Bewegungen. Den Körper dazu zu bringen, einige der verlangten Positionen einzunehmen, macht eine Mischung aus vorsichtigen Streckbewegungen, Innehalten und Konzentration erforderlich.

Lernen Sie Yoga unter qualifizierter Anleitung. Wenn Sie sich selbst daran versuchen, ist die Gefahr zu groß, Fehler bei den Bewegungsabläufen zu machen, was zu Verletzungen führen kann. Sobald Sie die Grundlagen kennen, können Sie auch zu Hause üben.

Tai-Chi

Tai-Chi geht in China bis auf das dritte Jahrtausend v. Chr. zurück. Erst jetzt, 5000 Jahre später, haben wir Europäer

entdeckt, dass uns dieses chinesische Schattenboxen nützen kann. Tai-Chi bedeutet wörtlich »große Energie«. Die Technik schult die Wahrnehmung der eigenen und der umgebenden Energien und führt zu ihrer harmonischen Verknüpfung.
Alles ist energetisch aufgeladen, und Tai-Chi hilft uns, dies an uns selbst zu erkennen. Die Ausführung bestimmter harmonischer, tänzerischer Bewegungsabläufe verschafft uns Zugang zum inneren wie äußeren Energiefluss. Wie alle östlichen Bewegungsschulen können Sie Tai-Chi fast überall problemlos praktizieren, sobald Sie die Grundlagen beherrschen. Diese müssen Sie allerdings unter fachkundiger Anleitung lernen.

Checkliste

Nun kennen Sie die Regeln für Ihr ultimatives 30-Tage-Entgiftungsprogramm. Bei der Ausführung haben Sie einige Freiheiten, so zum Beispiel bei der Wahl Ihres Körperprogramms. Doch es gibt auch einige Punkte, die Sie unbedingt einhalten müssen.
Damit Ihnen das im Verlauf des Programms leichter fällt, haben wir hier eine Checkliste für Sie vorbereitet, auf der alle erforderlichen Maßnahmen und Schritte noch einmal zusammengefasst sind. Kopieren Sie sich die Liste und haken Sie jeden der Punkte ab, während Sie die Anweisungen befolgen. Dann können Sie sicher sein, nichts Wichtiges vergessen zu haben.

Checkliste für das 30-Tage-Entgiftungsprogramm

Täglich abzuhaken

- ☐ Trinken Sie morgens als Erstes ein Glas heiße Zitrone, bestehend aus frischem Zitronensaft und heißem Wasser.
- ☐ Trinken Sie mindestens anderthalb Liter Wasser.
- ☐ Nehmen Sie zwei Leberstärker wie auf Seite 30 beschrieben.
- ☐ Nehmen Sie zwei Nierenstärker wie auf Seite 31 beschrieben.
- ☐ Nehmen Sie Seetangkapseln.
- ☐ Nehmen Sie mindestens drei und maximal fünf Mahlzeiten ein.
- ☐ Essen Sie mindestens eine Portion Vollkornreis.
- ☐ Essen Sie mindestens drei Portionen Gemüse; eine davon in roher Form.
- ☐ Essen Sie mindestens drei Portionen rohes und frisches oder getrocknetes Obst.
- ☐ Essen Sie mindestens drei Portionen Salat.
- ☐ Nehmen Sie mindestens eine Portion Joghurt, Käse oder Milch zu sich, die nicht aus Kuhmilch gemacht sind.
- ☐ Essen Sie zwei Portionen öligen Fisch, Hülsenfrüchte, Nüsse, Oliven oder verwenden Sie Nuss- beziehungsweise Keimöl.
- ☐ Sprechen Sie fünf Affirmationen.
- ☐ Gönnen Sie sich eine kleine Besonderheit.
- ☐ Führen Sie ein mindestens fünfminütiges Telefongespräch mit einem Freund oder einer Freundin.
- ☐ Machen Sie jemandem ein Geschenk.

- ☐ Suchen Sie sich etwas, was Sie zum Lächeln oder Lachen bringt.
- ☐ Nehmen Sie eine kalte Dusche oder ein kaltes Fußbad.
- ☐ Machen Sie 30 Minuten Gymnastik.
- ☐ Bürsten Sie Ihre Haut.
- ☐ Entspannen Sie sich für zehn Minuten.
- ☐ Machen Sie fünf Minuten Atemübungen.

Alle paar Tage abzuhaken

- ☐ Verzichten Sie während der 30 Tage auf jegliche Bewertungen.
- ☐ Nehmen Sie sich mindestens vier Tage frei.
- ☐ Machen Sie alle paar Tage ein wenig Gartenarbeit.
- ☐ Lernen Sie jede Woche etwas Neues.
- ☐ Machen Sie jeden dritten Tag ein Körperpeeling.
- ☐ Nehmen Sie alle fünf Tage ein Wannenbad mit Bittersalz.
- ☐ Gönnen Sie sich alle zwei Wochen eine professionelle Körperbehandlung.

2
Das Ruckzuck-Kater-Entgiftungsprogramm

Für die Male, wenn Sie es sich haben zu gut gehen lassen oder es einfach übertrieben haben, haben wir das Ruckzuck-Kater-Entgiftungsprogramm zusammengestellt. Hier bekommen Sie ein paar nützliche Ratschläge, wie Sie den »Tag danach« verbringen können und was Sie zu sich nehmen sollten, um die Folgen Ihrer Eskapaden zu überwinden und die an Ihrem Körper begangene Misshandlung wieder gut zu machen. Außerdem machen wir Vorschläge, wie Sie sich auf trinkfreudigen Anlässe vorbereiten können, um die schlimmsten Folgen zu vermeiden.

Die Wahrheit über Kater

Ein Kater ist nichts anderes als die Reaktion Ihres Körpers auf zu viel Alkohol. Wenn Sie große Mengen an Alkohol zu sich nehmen, vergiften Sie sich praktisch – und Ihr Körper wehrt sich natürlich.

Es geistern immer wieder Berichte über den Ernährungswert von Alkohol durch die Presse. Manchmal wird darauf hingewiesen, dass Alkohol, in kleinen regelmäßigen Mengen eingenommen, sogar nützlich sein kann. Doch welche Ergebnisse auch vorliegen mögen, es herrscht allgemeine

Übereinstimmung darüber, dass überhöhter Alkoholkonsum schädlich, suchtfördernd und destruktiv ist.
Die einzige Möglichkeit, die Auswirkungen des Alkohols zu vermeiden, besteht darin, möglichst wenig zu trinken. Unsere Ruckzuck-Kater-Entgiftung sollte keinesfalls den Eindruck erwecken, dass Sie mit ihrer Hilfe von jetzt an ohne schädliche Auswirkungen exzessiv trinken können. Es gibt nicht den geringsten Zweifel: Zu viel Alkohol schadet Ihnen, Ihrem Körper und auf lange Sicht Ihrer Gesundheit. Und wenn Sie glauben, absolut nicht auf Alkohol verzichten zu können, dann sollten Sie sich schleunigst professionelle Hilfe suchen.
Das vorliegende Programm will Ihnen lediglich über die Folgen hinweghelfen, wenn Sie über die Stränge geschlagen sind, wie es uns allen mal passieren kann. Die meisten Menschen trinken gerne einmal etwas und das eine oder andere Mal auch mehr, als uns gut tut. Hier sind nun einige Vorgehensweisen aufgeführt, die helfen, den Schaden so gering wie möglich zu halten.
Die Auswirkungen exzessiven Alkoholgenusses erlebt jeder anders, doch die häufigsten Symptome sind: Kopfschmerzen, Übelkeit, Austrocknung und Müdigkeit. Das sieht in Ihrem Körper so aus: Die Leber ist vollauf damit beschäftigt, den Alkohol zu verarbeiten, und kann keine ihrer sonstigen Aufgaben erfüllen. Die Haut ist unser größtes Ausscheidungsorgan, und wenn Sie Ihrem Körper zu viele Giftstoffe zumuten, dann bezahlen Sie die Rechnung dafür mit Ihrem Aussehen. Ihr Magen wird in der Folge des Alkoholkonsums sehr sauer, und Übelkeit setzt ein. Ihr Darm arbeitet langsamer, und Sie werden vermutlich unter

Blähungen leiden und einen weicheren Stuhlgang haben. Austrocknung bedeutet, dass Ihr Innerstes schrumpelig ist wie Backpflaumen und äußerst unangenehme Gerüche absondern kann.

Um die Sache noch schlimmer zu machen: Das, worauf wir nach einer durchzechten Nacht Lust haben, wie etwa starken, schwarzen Kaffee und ein üppiges Frühstück mit Eiern und Speck, ist eindeutig ungeeignet. Die Vorstellung eines solchen Frühstücks ist tröstlich und basiert auf dem ehrenhaften Wunsch der Wiedergutmachung: Aufwachen (mit starkem Kaffee), die Überreste neutralisieren (mit Toastbrot) und den leeren, aufgewühlten Magen füllen (mit Spiegeleiern und Speck). Doch leider wirkt der Kaffee harntreibend und entzieht Ihrem Körper auch noch den letzten Rest Flüssigkeit, den er noch gespeichert hat. Kaffee fördert auch die Ausscheidung jeglichen Wassers, das Sie vielleicht in Ihrem Durst am Morgen danach getrunken haben.

Das im Kaffee enthaltene Koffein zwingt Ihre Leber, deren Entgiftungsprogramm bereits auf Hochtouren läuft, sich noch zusätzlich mit der Neutralisierung dieser Giftstoffe zu befassen, bevor die Flüssigkeit ausgeschieden werden kann. Die Toastschnitten füllen Ihren Magen mit Stärke, Kohlenhydraten und Zucker, die allesamt das Säureniveau noch anheben. Butter hat gleichfalls keinen günstigen Einfluss auf den hohen Säurespiegel im Magen und ist zudem noch hochkalorisch – aber wenigstens halbwegs naturbelassen. All dies wird Ihnen ein falsches Gefühl von Wohlergehen vermitteln, nur weil Ihr Energieniveau leicht angehoben wurde.

Die Spiegeleier und der gebratene Speck sind ebenfalls keine Hilfe. Die vorübergehende Energiesteigerung lässt Sie glauben, dass Sie das Schlimmste hinter sich haben. Doch all das Gebratene lässt nur den Säurepegel weiter ansteigen. Sollten sich in Ihrer Pfanne zudem Pilze und Tomaten befinden: Auch sie finden keine Gnade, denn Pilze sind schwer verdaulich und Tomaten zu sauer. Alles in allem haben Sie einen Haufen Kalorien und Toxine zu sich genommen und Ihr Problem unnötig vergrößert. Kein Wunder, wenn Ihre Leber zu protestieren beginnt.
Falls Sie sich allgemein guter Gesundheit erfreuen, dann haben gelegentliche Alkoholexzesse bei Ihnen vielleicht lediglich etwas Lethargie und Lustlosigkeit zur Folge. Doch wenn Sie Überstunden sammeln, Ihren Körper mit Fertiggerichten und Fastfood abspeisen, Ihr Speiseplan kaum frisches Obst und Gemüse enthält und Ihre Flüssigkeitsaufnahme sich auf stündliche Kaffeespritzen beschränkt, dann sind Sie vor keinem der genannten Symptome sicher. Einer durchzechten Nacht folgt dann ein gründlich verpfuschter Tag, und die gemurmelten Worte »nie wieder!« werden das beständige Brummen in Ihrem Kopf kaum abstellen.

Vor dem Fest

Wenn Sie absehen können, dass Ihnen am kommenden Tag oder Abend eine exzessive Feier mit viel Alkohol ins Haus steht, dann können Sie Ihren Körper darauf vorbereiten.

Schutz vor Austrocknung

Die Hauptnebenwirkung exzessiven Alkoholgenusses ist Austrocknung. Anderthalb Liter Wasser täglich möglichst mehrere Tage vor der großen Nacht helfen Ihrem Körper in zweierlei Hinsicht. Zum einen wird Ihr Körper in Vorbereitung auf den Alkohol alle Flüssigkeit aufnehmen, die er braucht, und so den späteren Flüssigkeitsverlust durch den Alkohol abschwächen. Zum anderen fällt es Ihrem Körper leichter, Alkohol abzubauen, wenn er schon zuvor gründlich durchgespült wurde.

Schutz der Leber

Die Leber ist das Organ der Reinigung und Entgiftung, folglich sollte sie in der Zeit vor dem großen Ereignis Gelegenheit haben, sich zu reinigen und auf die zu erwartenden Überstunden vorzubereiten. Es gibt verschiedene Leberstärkungsmittel, die wir im ultimativen 30-Tage-Entgiftungsprogramm schon beschrieben haben: Möhren, Rote Bete, blaue Weintrauben, frischer Knoblauch oder Knoblauchpillen, Fenchel und Löwenzahntee.

Möhren und Rote Bete können Sie in Form von Gemüse oder Saft zu sich nehmen. Den Saft können Sie mit anderen Säften oder Mineralwasser kombinieren, aber trinken Sie reichlich davon. Auch die anderen Nahrungsmittel sollten an den Tagen vor dem Ereignis reichlich auf Ihrem Speiseplan stehen.

Schutz des Magens

Sie können auch Ihren Magen auf die Party vorbereiten und ihn mit einer Schutzschicht auskleiden, die den

Alkohol passieren lässt, ohne dass er allzu viel Schaden anrichtet. Essen Sie am Tag des Festes vollständige Mahlzeiten, und trinken Sie Ihr erstes Glas Alkohol keinesfalls auf leeren Magen. Sorgen Sie dafür, dass sich Ihre Mahlzeiten aus reichlich Gemüse, Vollkornreis, Salat und Früchten zusammensetzen. Wenn Gesundes nicht greifbar ist, dann essen Sie das, was Sie bekommen – Alkohol auf vollen Magen ist weniger schädlich, und wenn Sie satt sind, werden Sie automatisch weniger trinken.

Der Abend selbst

Auch während der Party haben Sie die Möglichkeit, den Schaden und die unangenehmen Folgen gering zu halten:

- Wenn Sie Ihr Getränk wählen, dann denken Sie daran, dass die Mischung aus Alkohol und Zucker – wie etwa in süßen Likören oder Mixgetränken – die Aufnahme des Alkohols beschleunigt und daher rascher betrunken macht. Deshalb sollten Sie solche Cocktails möglichst vermeiden. Gesüßte Getränke werden Sie außerdem veranlassen, mehr zu trinken, da das durch den Zucker hervorgerufene energetische Hoch schon bald absinkt und Sie dazu zwingt, das Energieniveau aufrechtzuerhalten – durch weitere süße Cocktails.
- Sorgen Sie für ein gleich bleibendes Flüssigkeitsniveau in Ihrem Körper, indem Sie ebenso viel Wasser wie Alkohol trinken. Das bedeutet nicht, dass Sie Ihre Drinks verdünnen sollen, doch könnten Sie Alkohol im Wechsel

mit Wasser trinken. Falls Sie meinen, kein Wasser trinken zu können, weil man Ihnen dann ständig etwas anderes anbietet, dann täuschen Sie ein alkoholisches Getränk vor: Mineralwasser mit einer Zitronenscheibe und Eis in einem Longdrinkglas sieht aus wie Gin oder Wodka mit Tonic. Sie müssen den Unterschied niemandem unter die Nase reiben. Der Barmann versteht sich meist darauf, Ihr Geheimnis für sich zu behalten.

- Sie können aus Wein einen Longdrink machen, indem Sie ihn mit Mineralwasser verdünnen. So nehmen Sie mehr Wasser und weniger Alkohol zu sich.
- Machen Sie sich bewusst, wie Sie sich am nächsten Tag fühlen werden. Kürzer zu treten oder aufzuhören, wenn Sie merken, dass Sie genug hatten, ist die beste Lösung. Auch dann befindet sich noch genug Alkohol in Ihrem Organismus, um Schaden anzurichten.
- Trinken Sie reichlich Wasser, bevor Sie zu Bett gehen. Geben Sie etwas Zitronensaft hinein – er wirkt basenbildend und reduziert somit die Säure in Ihrem Magen.
- Jedes Mal, wenn Sie in der Nacht aufwachen, weil Sie die Toilette aufsuchen müssen, füllen Sie anschließend die verlorene Flüssigkeit mit einem Glas Wasser wieder auf. Stellen Sie sich ein Glas Wasser auf den Nachttisch, und nehmen Sie mindestens sechs Schluck, bevor Sie wieder einschlafen.
- Schlafen Sie gut.

Der Tag danach

Heute wird Ihnen alles langsamer von der Hand gehen, und Sie müssen auf Ihren Körper hören. Er hat gestern das getan, was Sie von ihm verlangt haben, und heute sind Sie an der Reihe, seine Wünsche zu erfüllen. Bürden Sie sich nichts Anstrengendes auf. Sie haben Ihren Körper vergiftet, also geben Sie ihm die Gelegenheit und genug Zeit, um sich zu regenerieren.

Tipps zur Wiederherstellung

Trinken Sie Wasser sofort nach dem Aufstehen.	Sie sind ausgetrocknet. Es ist besser, Wasser in kleinen Schlucken zu trinken, als ein ganzes Glas in einem Zug zu leeren. Streben Sie ca. einen Viertelliter jede halbe Stunde an.
Trinken Sie statt Kaffee Zitronensaft in heißem Wasser mit etwas Honig. Trinken Sie davon, so viel Sie wollen.	Mit diesem Getränk wirken Sie der Übersäuerung Ihres Magens entgegen und bringen Ihren Blutzuckerspiegel wieder in Ordnung.
Bereiten Sie sich ein Frühstück aus Müsli, Joghurt, frischen Früchten, Nüssen und Körnern. (Egal, wie sehr Sie sich auch nach etwas Gebratenem seh-	So kommt der Säure-Basen-Haushalt in Ihrem Magen wieder ins Gleichgewicht, und der Blutzuckerspiegel erreicht das gewünschte Niveau.

nen, verzichten Sie darauf. Essen Sie mehr Müsli, wenn Sie etwas zum Knabbern brauchen, aber lassen Sie die Finger von fetten Speisen. Stellen Sie sich vor, wie alle möglichen Fette sich in Ihrem Magen zu einem Kloß verbinden, während hingegen Haferflocken, Nüsse und Früchte Giftstoffe absorbieren.)	Außerdem sorgen Sie für gute und solide Nahrungsenergie, die Ihnen einen nachfolgenden plötzlichen Blutzuckerabfall erspart.
Trinken Sie im Verlauf des Tages Pfefferminztee und reichlich Wasser.	Damit erfüllen Sie Ihren Flüssigkeitsbedarf und besänftigen Ihren Verdauungsapparat.
Trinken Sie mit Kohlensäure versetztes Wasser.	Kohlensäure reichert Ihr Blut mit Sauerstoff an.
Essen Sie frisches Gemüse, Früchte, Salat, Vollkornreis, kuhmilchfreien Käse und Joghurt, gegrillten Fisch, Körner, Nüsse und Hülsenfrüchte.	Diese Nahrungsmittel decken Ihren Energiebedarf.

Überanstrengen Sie sich nicht

Entspannen Sie sich, aber liegen Sie nicht einfach auf dem Sofa. Machen Sie an der frischen Luft einen langen Spaziergang, damit Ihr Kreislauf in Gang kommt, und machen Sie ein paar einfache Übungen, damit die Gifte aus dem Körper geschleust werden, aber übertreiben Sie es nicht. Es reicht, wenn Ihnen dabei warm wird. Sobald Sie Zeit an der frischen Luft verbracht haben, verdienen Sie eine Ruhepause in einem bequemen Sessel mit einem guten Buch, der Sonntagszeitung oder einem netten Film.

Nehmen Sie vor dem Zubettgehen ein entspannendes Lavendelbad, und versuchen Sie, früh ins Bett zu kommen. Lavendel entspannt Körper und Geist, beruhigt und wirkt ausgleichend – und bei der Entgiftung geht es um nichts anderes als darum, das Leben ins Gleichgewicht zu bringen, Schlechtes zu beseitigen und Gutes zu fördern, Stress zu bekämpfen und Ruhe zu unterstützen. Wenn wir uns im Gleichgewicht befinden, dann steht der Heilung nichts mehr im Weg. Körper, Geist und Seele haben gute Aussichten auf Heilung, wenn sie nicht mehr länger unter Druck gesetzt werden.

Mischen Sie zwei bis vier Tropfen ätherisches Lavendelöl mit einem Esslöffel Milch oder Sahne. Lassen Sie Badewasser ein und wenn die Wanne voll ist, verteilen Sie den Badezusatz im Wasser. Steigen Sie dann in die Wanne und genießen Sie das Bad 15 bis 20 Minuten lang. Danach trocknen Sie sich ab, packen sich warm ein und gehen am besten sofort ins Bett.

Kaum etwas bringt uns gründlicher aus dem Gleichgewicht als ein ausgewachsener Kater. Ein Lavendelbad lockert die Muskeln, fördert Zellwachstum, gibt der Stimmung Auftrieb und entspannt Sie als Vorbereitung auf den dringend benötigten Schlaf. Wenn Sie am Morgen aufwachen, dann sollte Ihr Kopf klar sein, und Sie haben hoffentlich auch Ihr Schlafdefizit aus der vorangegangenen Nacht ausgeglichen.

3
Das Entgiftungsprogramm für den Geist

Dieses Kapitel führt Sie in zehn Tagen durch zehn Aufgaben. Jeden Tag erfüllen Sie eine Aufgabe, die Ihren Blick auf sich selbst, Ihr Leben und Ihre Gedanken verändert. Sich eine neue Perspektive zu erschließen heißt herauszufinden, ob man aus seinem Leben das macht, was man wirklich möchte und braucht. Klares Denken macht die Lösung von Problemen einfacher. Entscheidungen treffen sich leichter, wenn man die wichtigsten Punkte erkennt und sich darauf konzentriert.

Das Entgiftungsprogramm für den Geist verlangt von Ihnen, innezuhalten und einen gründlichen Blick nicht nur einfach auf sich selbst, sondern sowohl nach innen als auch auf Ihre Umgebung zu richten. Denken Sie daran: Dieses Programm kann unter vollständigem Ausschluss der Öffentlichkeit ablaufen. Vielleicht wollen Sie jeden Tag etwas über Ihre Erfahrung mit dem Programm aufschreiben, vielleicht wollen Sie es aber auch ausschließlich in Ihrem Kopf absolvieren.

Sich Klarheit über sich selbst zu verschaffen bedeutet auch, dass man sich bewusst macht, was man vom Leben erwartet. Nicht nur Gesundheit, Wohlstand und Glück (Willkommen in der Bewerberschlange!), sondern ganz bestimmte Dinge, die sofort in Angriff genommen werden können. Das Gesamtbild im Auge zu behalten, ist sehr wichtig, aber

Sie müssen sich auch die kleineren Abschnitte genau ausmalen, um voranzukommen.
Finden Sie heraus, was Sie sich wirklich wünschen. Wünschen ist besser als wollen, denn es ist ein leidenschaftliches Gefühl, und Leidenschaft vermag viel Energie zu mobilisieren. Ist das Haus, in dem Sie leben, Ihr Wunschhaus? Verspüren Sie den Wunsch, Ihren Garten neu zu gestalten? Wünschen Sie sich mehr oder weniger Freunde? Wünschen Sie es sich, abends öfter auszugehen? Und so weiter ... Wenn Sie sich ein Bild von Ihren kleineren Wünschen machen, dann entsteht das Gesamtbild ganz automatisch.

Die Vorbereitung

Leben Sie für den Augenblick

Es ist wichtig, die Zukunft zu planen, aber wenn Sie es damit übertreiben, dann haben Sie keine Zeit mehr, Ihr gegenwärtiges Leben zu leben! Im Augenblick zu leben macht Spaß. Ein Tag, an dem Sie nichts anderes tun, als Ihr Leben zu leben und Ihre Gefühle zu fühlen, ist äußerst erfüllend. Denken Sie darüber nach, was Sie heute – ja *heute* – tun können. Und verschieben Sie das Nachdenken über die Dinge, die Sie morgen tun können, auf morgen.
Wenn Ihnen dies nicht gelingt, dann denken Sie, noch bevor es Ihnen richtig bewusst wird, jeden Augenblick im Verlauf des Tages über alles Mögliche nach und kommen nie dazu, irgendetwas von all dem auch zu *tun*! Wenn Sie

ein schönes Wochenende geplant haben, dann ist nichts leichter, als sich montags, dienstags, mittwochs, donnerstags und freitags mit nichts anderem als mit Samstag und Sonntag zu beschäftigen! Die armen Wochentage, was haben sie nur angerichtet, dass sie so weggewünscht werden? Samstag und Sonntag sind Ihnen garantiert – sie verschwinden nicht einfach –, warum also nicht außerdem Freude an den Wochentagen haben? Außerdem sollten Sie lernen, bewusst Zeit zu verschwenden. Geben Sie Ihrem Geist die Chance, zu entspannen und sich zu erholen. Nehmen Sie sich Zeit, nichts zu tun, tun Sie Dinge, ohne ein Ziel mit ihnen zu verbinden, lassen Sie die Zeit unbemerkt verstreichen.

Entrümpeln Sie Ihren Verstand

Unser Verstand kann hervorragend Informationen speichern, und für den Alltag ist das unerlässlich. Doch es gelingt uns leider auch ausgezeichnet, an Dingen festzuhalten, die wir gar nicht brauchen, und das sowohl in physischer wie auch in mentaler Hinsicht. Wir sind nachtragend, wir quälen uns damit, dass ein anderer etwas hat, was uns fehlt, wir ärgern uns darüber, dass der Bus gestern nicht pünktlich war, wir machen uns Sorgen, ob der Bus dienstags überhaupt fährt und so weiter und so weiter.

Das Entgiftungsprogramm für den Geist zeigt Ihnen Mittel und Wege, um die Dinge zu beeinflussen, an denen Sie etwas ändern können – und bringt Sie dazu, es auch zu tun. Es zeigt Ihnen, wo nichts zu machen ist, und hilft Ihnen, sich damit abzufinden oder sie sich zu einem späteren, besseren Zeitpunkt noch einmal vorzunehmen. Sich über Dinge Sorgen zu machen, die vielleicht nie geschehen werden oder bereits geschehen sind, kostet Kraft und ist anstrengend. Etwas zu *tun*, damit Sie aufhören, sich Sorgen zu machen, ist erfrischend, und die Investition von Zeit zahlt sich wirklich aus.

Seien Sie sich selbst treu

Sich selbst treu sein können Sie nur dann, wenn Sie wissen, wer Sie wirklich sind. Was denkt Ihr Verstand über Ihren Körper? Was halten *Sie* von Ihrem Verstand? Wie denken *Sie* über Ihren Körper? Sind diese Bereiche alle eins? Oder unterscheiden Sie zwischen ihnen? Neigen Sie zum Fühlen oder zum Tun? Sind Sie so, wie andere meinen, dass Sie sind, oder gibt es da Bereiche, die Sie nicht zeigen, weil Sie fürchten, Ihre Mitmenschen zu schockieren? Verlassen Sie Ihre eigentliche Linie, um Aufsehen zu erregen? Sind Sie dazu in der Lage, die Bereiche zu ändern, die Sie nicht mögen, und diejenigen zu verstärken, die Ihnen gefallen?

Jede der Aufgaben im Rahmen des Entgiftungsprogramms für den Geist hilft Ihnen, etwas über sich herauszufinden und sich selbst besser kennen zu lernen. Sobald Sie die Aufgaben abgeschlossen haben, werden Sie wissen, was Sie empfinden, was Ihnen im Leben wichtig ist und wie Sie vorgehen können, um es zu erreichen. Sie werden fähig sein, Dinge einfach zu tun, im Augenblick zu leben, als Ihre eigene Gedankenmüllabfuhr zu fungieren und die Bereiche, die Sie mögen, festzuhalten und zu Ihrem eigenen Nutzen einzusetzen.

Es wird sich so gut anfühlen, dass Sie es gar nicht erwarten können, Ihr »neues, verbessertes Ich« auszuprobieren.

Checkliste

Die Entgiftung des Geistes bedarf kleiner Vorbereitungen. Besorgen Sie sich für diese zehn Tage folgende Utensilien. Sie sollten sie jederzeit parat haben.

- Ein Notizbuch.
- Einen Stift.
- Etwas Technisches, das Sie nicht vollständig beherrschen.
- Papier.
- Entspannende Musik oder eine Entspannungskassette.
- Ein örtliches Telefonbuch oder eine Broschüre über örtliche Klubs und Vereine.
- Eine örtliche Zeitung im Abo für einige Wochen.
- Einen Bus- und Zugfahrplan.
- Ihre Fantasie.
- Offenheit ...

Die zehn Tage und Ihre zehn Aufgaben

Tag 1: Lächeln Sie.
Tag 2: Lernen Sie einen technischen Vorgang beherrschen.
Tag 3: Schaffen Sie Platz in Ihrem Kopf.

Tag 4: Bereichern Sie Ihr Leben durch Kreativität.
Tag 5: Sprechen Sie mit sich selbst.
Tag 6: Gehen Sie ein kalkuliertes Risiko ein.
Tag 7: Gestatten Sie sich Tagträume.
Tag 8: Investieren Sie Zeit, nicht Geld.
Tag 9: Ziehen Sie sich in die Stille zurück.
Tag 10: Verfassen Sie Ihren persönlichen kosmischen Einkaufszettel.

Tag 1: Lächeln Sie

Angeblich lächeln Kinder täglich im Durchschnitt 400-mal, während Erwachsene es auf nur 15-mal Grinsen bringen.

Es ist eine Schande, dass etwas so Einfaches uns manchmal so schwer fällt. Wir verlernen es zu lächeln, weil es so viel anderes gibt, woran wir denken müssen, so viel Ernstes, das kein Lächeln rechtfertigt. Andererseits wäre es so viel besser, all diese ernsten, wichtigen Dinge mit einem Lächeln zu erledigen. Wenn Sie jemanden um etwas bitten wollen, dann macht ein Lächeln dies um vieles leichter, für Sie und den anderen. Und wenn Sie selbst lächeln, während Sie eine Aufgabe erfüllen, dann gewinnt sie an Leichtigkeit und verliert etwas von ihrer Erdenschwere.
Wenn wir einem Menschen begegnen, der freundlich oder fröhlich lächelt, dann ist es kaum möglich, nicht zurück zu lächeln: Das Lächeln des anderen ist ansteckend, und wir fühlen uns gut. Wenn uns etwas zum Lachen bringt oder

zum Kichern, dann scheinen sich Schwierigkeiten und Probleme aufzulösen oder kleiner zu werden.
Deshalb sollen Sie heute, am ersten Tag Ihres Programms, über Ihr Lächeln nachdenken:

- Lächeln Sie Ihren Nachbarn an, verbinden Sie Ihr Guten Morgen oder Hallo mit einem freundlichen Lächeln.
- Begrüßen Sie den ersten Menschen, dem Sie heute auf der Straße begegnen, mit einem Lächeln.
- Wenn das Telefon klingelt, dann nennen Sie Ihren Namen oder Ihre Telefonnummer mit einem Lächeln.
- Wenn Ihnen jemand die Tür aufhält, dann bedanken Sie sich und lächeln Sie.
- Wenn Sie etwas lesen oder ein Dokument durcharbeiten müssen, dann ersetzen Sie Ihren verdrießlichen, ernsten Gesichtsausdruck durch ein Lächeln – die Lektüre wird auf diese Weise viel interessanter.
- Machen Sie die Eintragungen in Ihr Tagebuch mit einem Lächeln. Denken Sie an die großartigen Dinge, die Sie getan haben, und an die interessanten Menschen, die Ihnen begegnet sind. Lächeln Sie, und jede noch so alltägliche Aufgabe verwandelt sich in eine Freude.

Lächeln ist ansteckend. Nichts vermag besser einen Lachanfall auszulösen als jemand, der selbst unkontrolliert kichert. Jemand, der Ihnen ein breites, freundliches Grinsen schenkt, zaubert auch auf Ihr Gesicht ein Lächeln. Suchen Sie sich jeden Tag etwas, über das Sie vergnügt lachen können.
Dabei ist es sehr wichtig, dass Sie das Lachen aufrichtig

meinen. Wenn Sie sich vor den Spiegel stellen und nur die Lippen in ein Lächeln pressen, ohne es wirklich zu meinen, dann werden Sie sehen, wie grauenvoll das aussieht. Ein solches Lächeln erkennen Sie außerdem als jenes, das Ihnen gelangweilte Verkäufer schenken. Nein, ein Lächeln muss aufrichtig sein. Ein richtiges Lächeln lässt Ihr Gesicht erstrahlen, zaubert Lachfältchen um Ihre Augen, kräuselt die Nase, lässt Ihre Zähne aufblitzen, füllt Ihre Wangen und sorgt dafür, dass Sie sich großartig fühlen. Also: Lächeln Sie sich im Spiegel an, werden Sie sich bewusst, wie gut Sie mit einem Lächeln aussehen. Dann sind Sie auf den neuen Tag, der vor Ihnen liegt, vorbereitet.

Ein paar Ratschläge

- Das Lächeln muss echt sein.
- Führen Sie ein Tagebuch. Schreiben Sie auf, wie es Ihnen damit erging, den ganzen Tag zu lächeln. War es anstrengend oder erhebend? Fühlte es sich anfangs merkwürdig an oder natürlich? Hat es Ihnen Spaß gemacht?
- Hat es Sie zum Lächeln gebracht?

Tag 2: Lernen Sie einen technischen Vorgang beherrschen

Kramen Sie die Gebrauchsanweisung hervor, und rücken Sie dem Gerät ein und für alle Mal zu Leibe ...
Wählen Sie ein Gerät aus, dessen Funktionsweise Sie nie vollständig durchschaut haben. Zum Beispiel:

- Den Videorecorder.
- Die Fritteuse, den Entsafter, die Küchenmaschine.
- Das Speicherprogramm des Telefons.
- Die Feinwaschprogramme Ihrer Waschmaschine.
- Das Menü Ihres Handys.
- Die Einrichtung der Mailbox in Ihrem Handy.
- Die Kontrolle von Öl- und Wasserstand in Ihrem Auto.
- Die Thermostateinstellung an Ihrer Zentralheizung.
- Wie man einen Stecker richtig an ein Kabel montiert.
- Die Programmierung der Zahlenschlösser an Ihrem Koffer.

Sobald Sie sich für ein Gerät entschieden und eine Funktion ausgewählt haben, mit der Sie nie zurechtkamen, dann machen Sie sich daran und meistern Sie sie. Die Gebrauchsanweisung erklärt Ihnen die Funktion Schritt für Schritt. Und wenn Sie nicht gleich erfolgreich sind, dann holen Sie tief Luft und versuchen es noch einmal.
Wenn Sie glauben, Sie schaffen es nicht, dann führen Sie sich die Vorteile vor Augen, die Ihnen Ihre gründliche Auseinandersetzung mit dem Gerät verschafft. Zum Beispiel

haben Sie Zugang zu einer größeren Zahl von Sendungen, weil Sie gleichzeitig ausgestrahlte für später aufzeichnen können. Oder Sie können spontan Ihre Freunde anrufen, ohne erst Ihr Adressbuch suchen zu müssen. Oder Sie betreten immer ein wunderbar warmes Haus, wenn Sie im Winter nach Hause kommen.

Ein paar Ratschläge

- Achten Sie darauf, dass Ihnen alle Teile vorliegen, die Sie benötigen. Falls ein wichtiges Teil fehlt oder kaputt ist, dann werden Sie nicht zurechtkommen und Ihnen steht eine sehr frustrierende Erfahrung bevor.
- Wählen Sie ein Gerät aus, mit dem Sie sich auch wirklich beschäftigen wollen. Wenn Sie den Videorecorder oder die Zeitschaltuhr an Ihrem Herd nie benutzen, dann wird es Ihnen nur wenig Befriedigung verschaffen, mit diesen Dingen umgehen zu lernen. Entscheiden Sie sich stattdessen dafür, in Ihr Telefon all die Telefonnummern einzuspeichern, die Sie häufig verwenden.

Haben Sie es geschafft? Herzlichen Glückwunsch! Und nun denken Sie darüber nach, welche anderen technischen Geräte, die Ihr Leben einfacher machen könnten, Sie ebenfalls noch nicht beherrschen. Setzen Sie sich einen Termin, bis zu dem Sie sich mit ihnen beschäftigen wollen.

Tag 3: Schaffen Sie Platz in Ihrem Kopf

Wir alle parken Geister und Leichen in unserem Kopf. Wir alle kennen Gedankenkarusselle, die mit »Hätte ich doch nur ...!«, »Was wäre, wenn ...?«, »Hätte ich vielleicht ...?« oder »Wenn ich doch nur ...!« beginnen.

Wenn wir in der Zeit, in der wir uns mit solchen Sorgen beschäftigen, tatsächlich etwas verändern würden, dann hätten wir viel mehr Platz im Kopf und Frieden im Herzen. Nur weil wir meinen, in der Situation nichts tun zu können, spielen wir sie im Geiste wieder und wieder durch und geben solchen Endlosgedanken Raum, den wir viel positiver und konstruktiver nutzen könnten.

Heute werfen Sie solche Gedanken aus Ihrem Kopf. Sie können Sie auch in die »Wiedervorlage-Mappe« befördern, um sie nur dann zur Hand zu nehmen, wenn Sie sich bewusst mit ihnen beschäftigen wollen. Der erste Schritt besteht darin, all die Dinge aufzuschreiben, die in Ihrem Kopf kreisen. Dazu gehören die Dinge oder Situationen, die unabänderlich sind und die Sie einfach akzeptieren müssen, und andere Dinge oder Situationen, über die Sie fortwährend nachdenken, weil Sie an ihnen etwas ändern wollen und können.

Machen Sie eine Liste von all den Dingen oder Situationen, die sich auf Ihrem Gedankenkarussell drehen.

Nun haben Sie den Kopf frei, um Verbesserungen vorzunehmen. Nehmen Sie sich die Dinge, Situationen oder Personen eine nach der anderen vor, und schreiben Sie ihr einen Brief. Beschreiben Sie verständlich, welche Gefühle die Situation oder Person in Ihnen auslöst. Führen Sie alle Folgen oder Nachwirkungen dieser Situation oder dieses Vorfalls auf. Heißen Sie jeden Gedanken, der Ihnen hierzu durch den Kopf schießt, willkommen, und schreiben Sie ihn auf.

Wie auch immer Sie mit diesen Briefen verfahren wollen, aufheben, verbrennen oder abschicken – seien Sie versichert, dass all Ihre bisher unerledigten Angelegenheiten nun erledigt sind. Sie haben sich all Ihren Gedanken gestellt – die meisten haben sich deshalb natürlich nicht aufgelöst, aber sie sind zu ihrem Recht gekommen. Und Sie können sich wirklich gut damit fühlen, dass Sie zur Tat geschritten sind.

Für die Zukunft nehmen Sie sich vor, Ihre Gedanken zu »sortieren«, bevor sie zu fordernd werden. Wenn Sie ausdrücken können, was Sie empfinden, dann tun Sie es gleich an Ort und Stelle, damit Ihre Gefühle nicht an Ihnen zu nagen beginnen. Falls Sie sie nicht aussprechen wollen, dann schreiben Sie einen Brief. Wenn Sie ihn direkt nach dem Ereignis schreiben, dann werden Sie gar nicht so viel zu sagen haben, weil Sie noch keine Gelegenheit hatten, darüber nachzugrübeln und aus der Mücke einen Elefanten zu machen. Denken Sie jedoch nach, bevor Sie den Brief schreiben, vor allem, wenn Sie ihn abschicken wollen. Denn wenn er erst mal auf dem Weg ist, lässt sich nichts mehr zurücknehmen.

Gedanken und Gefühle in einem Brief festzuhalten verschafft Ihnen die Möglichkeit, jederzeit jedem alles zu sagen. Je schneller Sie Ihre Gedanken aufs Papier bringen, desto weniger kreisen Sie in Ihrem Kopf.

Tag 4: Bereichern Sie Ihr Leben durch Kreativität

Machen Sie zur Abwechslung einmal etwas anders, vertauschen Sie die Dinge und achten Sie darauf, wie sich das anfühlt. Verschaffen Sie sich eine neue Perspektive.

- Ich stehe jeden Tag zur gleichen Zeit auf.
- Ich esse jeden Tag das Gleiche zum Frühstück.
- Ich gehe in mein Büro.
- Ich mache Mittagspause.
- Ich höre jeden Tag um die gleiche Zeit auf.
- Ich gehe nach Hause.
- Ich setze mich vor den Fernseher.
- Ich bereite mein Abendbrot.
- Ich gehe schlafen.
- Ich stehe jeden Tag zur gleichen Zeit auf ...

Kommt Ihnen das bekannt vor? – Ein solcher Tagesablauf lässt der Kreativität keinen Raum. Ich weiß im Voraus, was passieren wird, und wenn es dann so weit ist, muss ich nicht weiter darüber nachdenken, weil es immer gleich abläuft. Wenn ich den Tagesplan aber plötzlich umkremple, dann muss ich mitdenken, damit ich alles in der gleichen Zeit bewältige. Eine tolle Herausforderung!
An Ihrem Tag der Veränderung sollte kein Stein auf dem anderen bleiben. Alles, was Sie tun, sollten Sie ein wenig

anders machen. Wählen Sie einen Tag aus, der routinemäßig abgelaufen wäre, und krempeln Sie alles um:

- Lassen Sie sich von Ihrem Wecker morgens früher oder später wecken.
- Steigen Sie auf der anderen Seite aus dem Bett.
- Duschen Sie vor oder nach dem Frühstück beziehungsweise genau umgekehrt, wie Sie es sonst gewohnt sind.
- Ziehen Sie sich vollkommen anders an. Wenn Sie normalerweise dunkle Farben bevorzugen, dann kleiden Sie sich heute hell.
- Ziehen Sie einen Rock an, statt der gewohnten Hose. Tragen Sie eine Fliege, statt einen Schlips. Tragen Sie Manschettenknöpfe. Ersetzen Sie den gewohnten Rucksack durch eine Handtasche.
- Wenn Sie sich normalerweise schminken, dann gehen Sie heute im Naturlook.
- Benutzen Sie im Gegensatz zu sonst Aftershave.
- Nehmen Sie den Bus, statt mit dem Auto zu fahren, oder nehme Sie das Auto, statt in den Zug zu steigen.
- Benutzen Sie die Treppe statt den Lift.
- Falls Sie bei der Arbeit normalerweise Tee trinken, dann wechseln Sie heute zu Kaffee oder Kräutertee.
- Wenn Sie mittags für gewöhnlich in die Kantine gehen, dann kaufen Sie sich heute ein Sandwich und essen es an Ihrem Arbeitsplatz, oder verzehren Sie ein mitgebrachtes Mittagessen.
- Wenn Sie persönliche Anrufe sonst nachmittags tätigen, dann erledigen Sie sie heute am Vormittag.

- Verlassen Sie heute Ihren Arbeitsplatz früher oder später als sonst.
- Entscheiden Sie sich für einen anderen Heimweg.
- Gehen Sie auswärts essen, wenn Sie sich normalerweise selbst etwas zubereiten, oder kochen Sie ein neues Gericht, das Sie schon immer mal ausprobieren wollten.
- Setzen Sie sich vor den Fernseher, wenn Sie normalerweise abends ein Buch lesen und umgekehrt.
- Rufen Sie Ihre Eltern heute an statt wie sonst erst am Freitag.
- Machen Sie Ihren Wocheneinkauf am Donnerstagabend statt wie meistens am Samstagvormittag.
- Nehmen Sie, bevor Sie zu Bett gehen, ein Bad oder eine Dusche.
- Lesen Sie ein Buch oder sprechen Sie über Ihren Tag, statt wie sonst gleich einzuschlafen.
- Cremen Sie Ihr Gesicht ein, wenn Sie es sonst nicht tun, dann löschen Sie das Licht.

Jede der genannten Aktivitäten könnte Ihnen einen vollkommen neuen Blick auf Ihren Tagesablauf verschaffen. Vielleicht wollen Sie manches auf Dauer ändern oder aber zum Normalen zurückkehren. Sie haben es in der Hand. Heute jedoch soll alles einmal anders sein. Seien Sie frisch und voller Inspiration.

Tag 5: Sprechen Sie mit sich selbst

Heute sollen Sie sich die Zeit nehmen, um Ihr Selbst kennen zu lernen. Vielleicht finden Sie diese Vorstellung abwegig. Schließlich wissen Sie doch längst alles über sich selbst, oder? Das mag schon sein. Aber wie bei allem, das einem vertraut ist, nehmen Sie auch sich selbst vermutlich als gegeben hin.

Jeden Tag erledigen Sie Aufgaben und Aufträge und spielen Ihre Rolle. Aber wie geht es Ihnen wirklich damit? Hören Sie auch genau hin, um zu erfahren, wie sich Ihr Körper damit fühlt? Und wissen Sie eigentlich, wie es Ihnen wirklich mit Ihrer Ernährung, Ihrer Figur, Ihrem Verstand, Ihrem Ertüchtigungsprogramm, Ihrer Alltagsroutine und so weiter geht?

Mit sich selbst sprechen bedeutet, auf die innere Stimme zu hören und sich bestimmte Fragen überhaupt zu stellen. Wir fangen viele Dinge an, von denen wir die Finger lassen oder die wir anders machen würden, wenn wir uns nur die Zeit nähmen, nach innen zu lauschen. Wenn eine Freundin anruft und sagt, sie braucht Ihre Hilfe und will, dass Sie einen Tag lang auf ihre Kinder aufpassen, dann antworten Sie vielleicht: »Ja, kein Problem.« Hätten Sie vorher nachgedacht und sich gefragt, ob Sie das wirklich möchten, dann hätten Sie möglicherweise festgestellt, dass Ihre Tage gerade sehr voll gestopft sind, Sie eigentlich gar keine Zeit haben und durch die Zusage selbst in Terminstress geraten. Wenn Sie meinen, ins Fitnesscenter zu müssen, weil Sie sich fit halten wollen, dann packen Sie Ihre Sachen zusammen und machen sich auf den Weg. Würden Sie jedoch auf

Ihren Körper hören, dann würden Sie vielleicht feststellen, dass Sie lieber einen Tag ausgesetzt hätten. Ihre Muskeln hätten dann Zeit gehabt, sich vom Training des Vortags zu erholen. Heute zum Sport zu gehen wäre eine Prüfung – etwas, was Sie sich auferlegen –, morgen zum Sport zu gehen wäre belebend und ein großartiges Tonikum.

Auf sich selbst zu hören darf natürlich keine bequeme Taktik sein, sich um unangenehme Dinge zu drücken. Auch hier gilt: Hören Sie auf sich, dann wird Ihnen klar, was notwendig ist und besser zügig erledigt wird, statt es ständig vor sich herzuschieben.

Wenn Sie es sich angewöhnen, auf sich selbst zu hören, wird ihnen dies außerdem ein tieferes Verständnis für Ihre tatsächlichen Gefühle und Bedürfnisse verschaffen. Ein wunderbares Hilfsmittel hierbei ist, Briefe an sich selbst zu schreiben, in denen Sie sich mitteilen, wie Sie sich fühlen, was Sie wirklich denken. Dadurch werden Sie völlig neue Seiten von sich kennen lernen und eine fruchtbare Kommunikation in Gang setzten. Probieren Sie es aus – die Briefe werden Sie überraschen. Hier ist ein Beispiel:

»Ich freue mich wirklich auf das Wochenende, aber wahrscheinlich schaffe ich es mal eben bis Freitag und breche dann vor lauter Erschöpfung zusammen, und noch bevor ich zu mir gekommen bin, ist es schon wieder Sonntagabend – und vom Wochenende habe ich gar nichts gehabt. Es wäre großartig, alles abzusagen und einfach auszuruhen. Ich weiß, der Druck soll dafür sorgen, dass Dinge erledigt werden, aber früher oder später wird sich alles nur noch ums bloße Überleben drehen. Ich bin erschöpft und brauche Zeit für mich.«

Wenn Sie an sich selbst geschrieben haben, dann sollten Sie Ihrem Körper immer eine Gelegenheit einräumen zu antworten. Nachfolgend die Antwort, die »im Namen des Körpers« verfasst wurde:

»Das ist gut. Ich brauche wirklich ein bisschen Erholung, aber du musst nicht gleich alles abbrechen. Wirklich freuen würde mich eine Sitzung in einem Schönheitssalon – Pediküre, Maniküre, Gesichtmassage – und hinterher ein gutes Glas Wein zu einer leckeren Mahlzeit. Dann werde ich erfrischt sein und das Gefühl haben, dass ich tatsächlich Zeit mit mir verbracht habe.«

Die Folge dieses »Selbstgesprächs« ist das Ende des unaufhörlichen Gerangels, das die Person mit sich selbst ausfocht – sie wollte unbedingt Spaß haben, fühlte sich aber zu erschöpft dazu. Die Lösung lag darin herauszufinden, womit sie ihr Energiereservoir auffüllen könnte.

Mit Hilfe dieser Technik können Sie sich viel Freiraum schaffen, den Sie mit anderen Dingen füllen können – sie vertreiben den Mief aus Ihrem Kopf.

Vorbereitungen auf das »Selbstgespräch«

Sie brauchen etwa eine Stunde Zeit und ein warmes, ruhiges Zimmer. Legen Sie einen Block und einen Stift bereit, vielleicht möchten Sie entspannende Musik hören – wählen Sie solche Musik aus, deren Text nicht mit Ihren Gedanken ins Gehege kommt.

Heute werden Sie einen umfassenden Brief an sich selbst schreiben. Sie werden Ihrem Selbst mitteilen, wie Sie sich fühlen, was Sie sich wünschen, was Ihnen Sorge bereitet

und womit es Ihnen gut geht – also alles, was Ihnen gegenwärtig im Kopf herumschwirrt.
Bevor Sie zu schreiben beginnen, entspannen Sie sich durch Tiefenatmung:

- Setzen Sie sich bequem und locker auf einen Stuhl. Die Arme lassen Sie hängen oder legen sie auf die Oberschenkel. Der Rücken sollte gerade sein.
- Spannen Sie jeden einzelnen Muskel in Ihrem Körper an, zählen bis vier und lassen dann locker.
- Atmen Sie durch die Nase tief in den Bauch ein. Füllen Sie sich so weit mit Luft, bis Sie den Eindruck haben, dass Ihr Bauch bis in den letzten Winkel angefüllt ist.
- Halten Sie einen Augenblick inne, und atmen Sie dann durch den Mund wieder aus.

Der Brief an Ihr Selbst

Wenn Sie nun vollkommen entspannt sind, nehmen Sie Ihren Stift zur Hand und schreiben einen Brief an sich selbst. Seien Sie absolut ehrlich. Wenn Sie sich schlecht mit irgendetwas fühlen, dann schreiben Sie es ebenso auf wie das, womit Sie sich gut fühlen. Wenn Sie etwas mögen, dann bekennen Sie sich dazu ebenso aufrichtig wie zu den Dingen oder Personen, die Sie nicht leiden können. Interpretieren Sie Ihre Gefühle nicht; teilen Sie sie lediglich mit. Denken Sie daran: Keiner wird diesen Brief je lesen. Er gehört Ihnen ganz allein.
Sobald Sie Ihren Brief beendet haben, lehnen Sie sich zurück, machen ein paar tiefe Atemzüge und lesen ihn sich dann langsam noch einmal durch. Der Brief verdient eine

Antwort. Verfassen Sie diese Antwort und bringen Sie zum Ausdruck, wie Sie sich nach der Lektüre des Briefes gefühlt haben. Wie geht es Ihnen damit? Hat der Brief Sie überrascht oder schockiert? Haben Sie an sich Gefühle entdeckt, von denen Sie nicht wussten, dass Sie sie haben?

Damit haben Sie die heutige Aufgabenstellung erfüllt. Sie werden sich anders fühlen. Sie werden mehr über sich herausgefunden und Dinge ausgeräumt haben, von denen Sie jetzt wissen, dass sie irrelevant sind. Und Sie haben sich zu den Dingen bekannt, die Ihnen wichtig sind. Sie konnten sicherlich nicht all Ihre Probleme lösen, aber Sie hatten die Gelegenheit, sie aus einer ungewohnten Perspektive zu betrachten.

Entspannen Sie sich. Versuchen Sie nicht, irgendetwas zu verändern. Wir gehen in gemächlichem Tempo vor, und mit der Zeit werden wir das Ziel schon noch erreichen. Lassen Sie Ihr Schwanken vorüberziehen, lassen Sie das Gute neben dem Schlechten stehen, verzichten Sie darauf, kontrollierend einzugreifen. Stehen Sie zu sich selbst und freuen Sie sich, einen guten Kontakt zu Ihrem Inneren zu haben.

Tag 6: Gehen Sie ein kalkuliertes Risiko ein

Finden Sie heraus, wie weit Sie sich zu gehen trauen, und genießen Sie den Nervenkitzel.

Wenn es irgendetwas gibt, was den Verstand dazu zwingt, sich zusammenzunehmen und zu konzentrieren, dann ist es eine kleine Dosis blankes Entsetzen. Und nicht nur das, obendrein ist der Augenblick, in dem man sein Leben wie einen Film vor dem inneren Auge ablaufen sieht, unglaublich interessant. In ein paar Sekunden kann man so viel über sich, über die eigenen Gefühle und Reaktionen herausfinden.

Aber das Entgiftungsprogramm für den Geist hat sich nicht zum Ziel gesetzt, Sie in Gefahr zu bringen – ganz im Gegenteil. Doch geht es tatsächlich darum, die Dinge anders zu betrachten, um all den Unsinn aus dem Kopf zu bekommen und nur das wirklich Wichtige zu behalten. Sich selbst (unter Berücksichtigung aller Sicherheitsmaßnahmen, damit keine *tatsächliche* Gefahr besteht) einer extremen Erfahrung auszusetzen, ist eine ausgezeichnete Methode, um herauszufinden, was Ihnen wirklich wichtig ist.

Kalkulierbare Risiken können dort eingegangen werden, wo Profis bereitstehen und entsprechend ausgerüstet sind, um Sie unter Beachtung aller Sicherheitsregeln und -richtlinien durch eine extreme Erfahrung zu geleiten. Sie sind außerdem dazu in der Lage, richtig einzuschätzen, ob Sie fit genug und fähig sind, die gestellte Aufgabe zu bewältigen, ohne sich selbst ernstlich zu gefährden. Das eigentliche Risiko befindet sich nur in Ihrem Kopf!

Mit extremen Erfahrungen sind in etwa die folgenden gemeint:

- Fallschirmspringen.
- Klettern.
- Fliegen.
- Stromschnellen-Rafting.
- Ballonfahren.

- Drachenfliegen.
- Ein Insekt oder Reptil in die Hand nehmen.
- Mountainbiken.
- Höhlentauchen.
- Bei einer Auktion mitbieten.
- Flaschentauchen.
- Eine Rede in der Öffentlichkeit halten.

Diese Liste lässt sich endlos fortsetzen. Finden Sie eine Tätigkeit, die ganz speziell für Sie eine außergewöhnliche Herausforderung darstellt.

Ein paar Ratschläge

- Bloß weil etwas für Sie eine große Sache ist, muss ein anderer Mensch es nicht ebenso empfinden. Wählen Sie einfach etwas aus, wodurch Sie sich ernstlich herausgefordert fühlen. Hören Sie nicht darauf, was für andere die furchterregendste Erfahrung ist. Finden Sie heraus, welche Erfahrung auf Sie passt, und treffen Sie, sobald Sie bereit dazu sind, die erforderlichen Vorbereitungen.
- Nehmen Sie Verbindung zu dem Klub oder Verein auf, der das von Ihnen gewählte kalkulierbare Risiko anbietet und sammeln Sie so viel Information darüber, wie Ihnen erforderlich erscheint. Sobald Sie herausgefunden haben, was für Sie das Richtige ist und ob es sich mit Ihrem Budget verträgt und in Ihre zeitliche Planung passt, buchen Sie!

Ohne Frage ist die Aufgabe für einen einzigen Tag ein bisschen viel, doch sollten Sie sich wenigstens Gedanken über das Projekt machen und den besten Zeitpunkt für Ihre Erfahrung festlegen. Wenn Sie es dann geschafft haben – gibt es noch irgendetwas, was Sie nicht erreichen können?

Tag 7: Gestatten Sie sich Tagträume

Heute dürfen Sie träumen! Geben Sie sich Ihren Fantasien hin, malen Sie sich aus, was immer Sie wollen. Heute müssen Sie sich nicht mit der Wirklichkeit auseinandersetzen. Sie dürfen sich alles nur Vorstellbare wünschen.
Beginnen Sie, indem Sie zehn Wünsche oder Träume aufschreiben. Wie bei allem in diesem Programm, müssen sie absolut persönlich und dürfen ganz und gar egoistisch sein. Aber es sollten Träume und Wünsche sein, die Sie schon häufiger hatten, Gedanken, die Ihnen schon öfter durch den Kopf gegangen sind. Zum Beispiel:

- Ich möchte mit Frank Sinatra/Elvis im Duett singen.
- Ich möchte zum Mond fliegen.
- Ich möchte in einem Heißluftballon um die Welt fliegen.
- Ich wäre gern 1,80 Meter groß.
- Ich hätte gern einen Intelligenzquotienten von 250.
- Ich wäre gern der Herrscher der Welt.

Sobald Sie Ihre Liste zusammengestellt haben, lehnen Sie sich zurück und genießen all diese Vorstellungen. Stellen Sie sich vor, dass Sie die Welt regieren, kurz nachdem Sie bei »Wer wird Millionär?« gewonnen haben. In der Tasche haben Sie Ihren Fahrschein für die Reise zum Mond und im Ohr noch den Applaus der Menge nach Ihrem gemeinsamen Konzert mit Elvis am Abend zuvor. Sie warten darauf, dass jemand aus dem Palast zu Ihnen kommt, um Maß für Ihre Krone zu nehmen. Fühlt sich toll an, nicht wahr? Und ich halte jede Wette, dass auf Ihrem Gesicht ein Lächeln liegt – wenn Sie nicht schon lauthals lachen mussten.

In Ihrer Vorstellung können Sie alles sein und alles tun, was Sie nur wollen. Also nur zu! Lassen Sie sich in Ihre Tagträume fallen und entfliehen Sie der Wirklichkeit für eine Weile.

Nachdem Sie sich Ihrem Tagtraum voll und ganz hingegeben haben, können Sie Ihren Alltag in Angriff nehmen und in den allererstaunlichsten Tag verwandeln, der Ihnen je untergekommen ist – in einen echten »Tag-Traum«. Alles, was Sie heute tun, ist aus dem Stoff, aus dem sonst nur Träume sind.

Verlassen Sie Ihren Palast frühmorgens, um ins Fernsehstudio zu gelangen. Auf dem Weg dorthin helfen Sie ein paar Studenten mit ihren Dissertationen. Geben Sie Elvis ein paar Tipps, wie man als Popstar erfolgreich ist. Treffen Sie sich mit ein paar Freunden zum Mittagessen, und nehmen Sie sich den Nachmittag frei, um alles einzukaufen, was Sie sich schon immer gewünscht haben.

Wenn Sie die Kinder von der Schule abgeholt haben, dann fahren Sie zu Mickey Mouse, der angerufen hat, um Ihnen mitzuteilen, dass er ein paar Stunden frei hat und für die Unterhaltung Ihrer Kinder sorgen möchte, während Sie ein leckeres Abendbrot zubereiten.

Nach dem Abendbrot sagen die Kinder, dass sie müde sind und ins Bett wollen. Das gibt Ihnen und Ihrem Partner die Gelegenheit, in Ihrem Heißluftballon an die Küste zu fahren, um dort den Sonnenuntergang zu betrachten. Wenn Sie zurückkommen, bezahlen Sie den Babysitter und gehen zu Bett – und erwachen am Morgen, um ein Frühstück, bestehend aus frischem Fruchtsalat mit Champagner und pochierten Eiern auf Zwieback, zu sich zu nehmen.
Wissen Sie, was ich meine?
Sehen Sie, ich kann jeden Tag meines Lebens alles haben, was ich nur will. Ich muss nur fünf Minuten träumen, und schon ist alles, wie ich es mir vorstelle – es kostet mich keinen Cent und fühlt sich soooo gut an!
»Träumer« und »Leute, die ihr Leben fortwünschen« werden für gewöhnlich als hoffnungslose Fälle abgestempelt: als Menschen, die kein richtiges Ziel im Leben haben oder sich mit der Wirklichkeit nicht abfinden können. Doch wenn ihnen klar ist, dass sie träumen, und sie bereitwillig und erfrischt in die wirkliche Welt zurückkehren, nachdem sie die Unterhaltung und den Spaß genossen haben, dann halte ich Träumer für die wahrscheinlich einzigen Menschen, die wissen, worum es im Leben wirklich geht. Sie sind sich der wirklichen Welt wie ihrer eigenen, ganz persönlichen Welt bewusst. Sie sind gern gesehene Gäste in der Welt in ihrem Kopf. Und schließlich weiß doch jeder, dass man fast alles erreichen kann, wenn man nur weiß, was man will.

Tag 8: Investieren Sie Zeit, nicht Geld

Wenn wir am Morgen aufwachen und überlegen, »Was soll ich/sollen wir heute unternehmen?«, dann haben wir dabei immer unsere finanzielle Situation im Hinterkopf. Steht uns am Monatsanfang mehr Geld zur Verfügung, dann ist die Auswahl größer als am Ende des Monats, wenn die Kasse leer ist. Ohne Geld, so glauben wir, geht gar nichts. Wenn wir doch nur einmal Glück im Lotto hätten oder ordentlich erben würden, dann stünden uns endlich alle Türen offen.

Ausreichend Geld zu besitzen hält uns jedoch mitunter davon ab, all unsere Möglichkeiten zu bedenken. Wir übersehen leicht die einfachen, naheliegenden Optionen und interessieren uns vor allem für die komplizierteren. Wir glauben zu wissen: Spaß kann man nur haben, wenn man genug Geld besitzt. Das ist ein Irrtum! Wenn wir nur ein bisschen gründlicher nachdenken und unseren Verstand benutzen, dann fallen uns zig Sachen ein, mit denen wir uns beschäftigen, die wir neu lernen oder mit denen wir uns unterhalten können, ohne dass sie uns etwas kosten.

Einen Tag lang im Verlauf dieses Programms (am Wochenende oder im Urlaub) sollen Sie Ihren Kopf von all den vermeintlichen Schnellverfahren auf dem Weg zum Glück säubern und ernsthaft darüber nachdenken, was Sie mit Ihrer Zeit anfangen können, ohne dabei Geld auszugeben.

Diese Aufgabenstellung trifft Sie nicht unvorbereitet – die Checkliste auf Seite 104 verlangt von Ihnen das Abonnement einer örtlichen Zeitung und Bus- und Zugfahr-

pläne. Jetzt kommen diese Dinge ins Spiel. Möglicherweise lohnt es sich auch, öffentliche Anschlagbretter oder Veranstaltungen der örtlichen Klubs und Vereine zu überprüfen.
Ihre Aufgabe ist es, all diese Informationen vorab zu sammeln und an diesem Tag parat zu haben. Dann brauchen Sie nicht mehr als zehn Euro pro Erwachsener und fünf Euro pro Kind sowie Ihre Fantasie. Das Geld ist nur für Notfälle bestimmt – Sie erhalten Extrapunkte, wenn Sie im Verlauf eines Tages gar kein Geld ausgeben.
Folgende Aktivitäten sind verboten, weil sie entweder Geld kosten oder weder Fantasie noch Nachdenken voraussetzen:

- Fernsehen.
- Kinobesuche.
- Essen gehen.
- Einkaufen als Freizeitgestaltung.
- Urlaub.
- Spazierenfahren.
- Sich mit Freunden im Café verabreden.
- Eisessen gehen.
- Besuch des Freizeitparks.

Die folgenden Aktivitäten sind umsonst und eindeutig erlaubt:

- Ein langes Bad nehmen, entspannen und jede Menge Schönheitsbehandlungen (wie Gurkenscheiben auf die Augen legen, Salzpeelings, kalte Dusche).

- Aus den Vorräten einen Kuchen backen und Freunde zum Essen einladen.
- Unkraut jäten.
- Einen Spaziergang durch Ihre Stadt/in Ihrer Umgebung machen.
- Ein Zimmer/einen Schrank gründlich aufräumen.
- Eine örtliche Kirche/ein Museum/eine Galerie mit freiem Eintritt besuchen.
- Die lokale Zeitung auf Flohmärkte hin überprüfen, um sich dort umzusehen – nicht um zu kaufen!
- Einen kostenlosen Vortrag des örtlichen Kulturzentrums/der Volkshochschule besuchen.
- Feststellen, wo Ihre nächste Bibliothek ist, und dort über ein Thema nachlesen, das Sie interessiert.
- Einen Tag lang gemeinnützig arbeiten.
- Ihren Kleiderschrank sortieren und Ausgemustertes beim Roten Kreuz abliefern.
- Alle Fotos in ein Album einkleben oder wenigstens die unscharfen und zu dunklen aussortieren und die übrigen ordnen.
- Ein Buch lesen.
- Freude besuchen, die Sie seit ewigen Zeiten nicht mehr gesehen haben und die zu Fuß aufgesucht werden können.
- Knöpfe annähen, die seit langem fehlen – eine Aufgabe, zu der Sie bisher nie die Zeit gefunden haben.

Und so weiter. Die Liste der kostenlosen Aktivitäten ist eindeutig viel länger und viel spannender als die der Beschäftigungen, für die man bezahlen muss!

Ein paar Ratschläge

Investieren Sie nicht zu viel Zeit in die Vorbereitung. Legen Sie die Zeitung und die Fahrpläne bereit, doch beschäftigen Sie sich mit ihnen nur, um entsprechende Informationen zu bekommen.

Wenn Sie den Tag von zu langer Hand vorbereiten, dann werden Sie unweigerlich schon vorher etwas herbeischaffen, das für Ihre Unterhaltung sorgt. Doch die Herausforderung besteht darin, sich genau dann mit der Frage »Was soll ich heute unternehmen?« auseinander zu setzen, wenn sie sich stellt.

Versuchen Sie so gesellig wie immer zu sein. Sie sollen nicht glauben, dass Sie einsam sein müssen, bloß weil bei Ihnen gerade Ebbe in der Kasse ist. Bewegen Sie Ihre Freunde dazu, bei Ihrer selbst gestellten Herausforderung mitzumachen. Sie sollten zu Ihrer Unterhaltung beitragen und nicht nur Leute sein, mit denen Sie gemeinsam Geld ausgeben.

Machen Sie sich bewusst, wie es sich anfühlt, kein Geld zu haben. Empfinden Sie es als zermürbend oder als Herausforderung? Nehmen Ihre Gespräche mit Freunden und Bekannten an Intensität und Dauer zu oder bleibt alles mehr oder weniger beim Alten? Eröffnet sich Ihnen ein neuer Blick auf die Dinge? Ist es anstrengend, den Verstand zu Ihrer Unterhaltung einzusetzen, oder erhebend? Haben Sie Dinge in Angriff genommen, die Sie schon seit ewigen Zeiten vor sich her schieben, oder haben Sie Ihre Zeit genutzt, um vollkommen Neues auszuprobieren?

Stellen Sie sich die Frage, ob Sie in Zukunft wieder einmal ohne Geld auskommen wollen, oder meinen Sie, dass Sie Ihre Freizeit auch so bereits anregend genug gestalten?

Tag 9: Ziehen Sie sich in die Stille zurück

Den heutigen Tag sollten Sie frei haben – vielleicht an einem Wochenende oder im Urlaub –, denn Sie werden ihn in absoluter Stille verbringen.

Sich selbst kennen zu lernen und herauszufinden, was Sie denken und wie Sie reagieren, ist sehr einfach, wenn Sie den ganzen Tag lang mit niemandem sprechen. Wenn Sie sich den ganzen Tag lang ausschließlich mit sich selbst beschäftigen, können Sie eine Menge über sich herausfinden. Es ist ein bisschen so, als seien Sie mit einer anderen Person zusammen in einem Zimmer eingesperrt und dürften ihr jede Frage stellen, die Ihnen nur einfällt. Diese Erfahrung kann Ihnen Welten eröffnen und äußerst intensiv sein. Und Sie bekommen obendrein Antworten auf viele Ihrer Fragen.

Es gibt zahlreiche Institutionen, die sich als »Retreat« oder »Ort der inneren Einkehr« bezeichnen. Dies sind – meist religiöse – Orte, an die Menschen sich für eine gewisse Zeit zum Nachdenken oder zum Gebet zurückziehen können. Da sie in einem Retreat mit niemandem sprechen, haben sie die Möglichkeit, sich auf sich selbst zu konzentrieren, innere Einkehr zu suchen. Eine entsprechende Umgebung können Sie auch bei sich zu Hause schaffen und diese Zeit mit Nachdenken, Listen oder Briefe schreiben, Ordnen und Sortieren – in physischer, emotionaler oder geistiger Hinsicht – verbringen.

Sie müssen sich auf diesen Tag vorbereiten, indem Sie sich von der Außenwelt und von äußeren Reizen fernhalten. Stellen Sie das Telefon aus und den Anrufbeantworter an. Versperren Sie die Eingangstür und gehen Sie nicht hin, wenn es klingelt. Lassen Sie die eintreffende Post unbeachtet und ungeöffnet für den nächsten Tag liegen. Radio, Fernsehen, Videos, Zeitungen und Bücher sind nicht gestattet. Sorgen Sie dafür, dass Ihr Tag des Rückzugs wirklich 24 Stunden lang ist, zum Beispiel von 23 Uhr am Vorabend bis um 23 Uhr am Tag darauf. Einen Großteil dieser Zeit werden Sie schlafend zubringen. Und wenn Sie Ihren Tag der Stille verwenden wollen, um Schlaf nachzuholen, dann ist das ebenfalls nützlich.

Ziehen Sie etwas an, das Sie nicht einengt, das warm und bequem ist, aber kleiden Sie sich auf jeden Fall an. Schlafen Sie morgens so lange aus, bis Sie wach werden. Stehen Sie auf, und ziehen Sie sich an, und falls Sie noch mehr Schlaf brauchen, dann legen Sie sich im späteren Verlauf des Tages noch einmal hin. Die übrige Zeit des Tages sollten Sie möglichst nichts von dem tun, was Sie normalerweise tun würden. Versuchen Sie nicht, all die Haus- oder Aufräumarbeiten zu erledigen. Der Tag der Stille ist für Sie – ja die gesamten zehn Tage des Entgiftungsprogramms für den Geist sind für Sie! Innere Einkehr bedeutet auf Tuchfühlung mit der eigenen Basis gehen.

Vielleicht ist dieser Tag der Stille der erste, den Sie wirklich mit sich allein verbringen. Auch wenn Sie sonst viel für sich sind, das Einhalten des Gebots der Stille sorgt dafür, dass Sie tiefer über sich nachdenken. Nutzen Sie den Tag, um Antworten auf Fragen zu finden, die Sie sich im Hinblick auf sich selbst stellen. Falls Sie Schwierigkeiten in Ihrer Beziehung haben, dann nutzen Sie die Zeit, um über Ihre Möglichkeiten nachzudenken. Sollten Sie eine berufliche Entscheidung treffen müssen – damit ist nicht ein Problem gemeint, das Sie an Ihrem Arbeitsplatz haben, sondern Ihre allgemeine berufliche Situation –, dann haben Sie jetzt die Gelegenheit, sich damit zu beschäftigen. Die Tatsache, dass Sie sich jegliche Kommunikation mit der Außenwelt verbieten, bedeutet, dass Sie mit einer getroffenen Entscheidung zunächst mehrere Stunden lang allein leben müssen, bevor Sie sie irgendjemandem mitteilen können. Dies verschafft Ihnen die Gelegenheit zu tieferer Auseinandersetzung und zur Feststellung, ob die Entscheidung für Sie richtig oder falsch ist. Wenn Ihr Leben randvoll ist, dann kann sich an Ihrem Tag der Stille endlich einmal alles setzen, bevor Sie am nächsten Tag mit Ihrem Alltag fortfahren. Wir legen Gedanken in unserem Kopf so ab, dass sie uns zu einem späteren Zeitpunkt zur erneuten Bearbeitung zur Verfügung stehen; dieser wichtige Prozess kann stattfinden, während Sie sich entspannen.

Falls Sie meinen, dass es in Ihrem Kopf nichts zu ordnen oder zu klären gibt und dass Sie nichts haben, was Sie durchdenken müssen ... Ich gratuliere! Wie machen Sie das? Im Ernst, auch wenn Sie meinen, alles im Griff zu haben, sollten Sie sich dennoch Zeit für einen Tag der Stille nehmen. Nutzen Sie die Zeit für Entspannungsübungen, richtiges Atmen und Nichtstun. Hören Sie auf Ihren Atem, spüren Sie, wie Ihr Herz in Ihrem Körper schlägt, und versuchen Sie, sich jeden Aspekt Ihres Geistes und Ihres Körpers bewusst zu machen. Gehen Sie früh zu Bett. Vielleicht stellen Sie fest, dass Ihre Träume nach dieser gründlichen Entspannung sehr viel lebhafter sind als sonst, da Ihr Gehirn während der Nacht seine eigenen unbewussten Sortierarbeiten erledigt.

Ein paar Ratschläge

- Denken Sie daran, Sie dürfen nichts tun, was äußere Stimuli einbezieht. Der Tag der Stille betrifft nur Sie und Ihren Geist – keine Bücher, keine Zeitungen, keine Gespräche (außer denen in Ihrem eigenen Kopf), keine Worte, kein Fernsehen, keine Radio, keine Zeitschriften.
- Der Blick aus dem Fenster in die umliegende Landschaft, in den Himmel oder in Ihren Garten – keinesfalls auf eine Straße oder auf Menschen –, mehr ist Ihnen nicht gestattet. Sollten Sie von Ihren Fenstern aus Menschen oder Verkehr sehen können, dann schließen Sie die Außenwelt aus, ziehen Sie die Vorhänge zu und blicken nach innen auf Ihr direktes Wohnumfeld. Sollten Sie sich durch etwas abgelenkt fühlen, dann lassen Sie es vorbeiziehen. Halten Sie sich nicht damit auf, und kehren Sie zu Ihren Gedanken zurück.

Tag 10: Verfassen Sie Ihren persönlichen kosmischen Einkaufszettel

Einen persönlichen kosmischen Einkaufszettel zu besitzen ähnelt einem Blick in die Zukunft, der Ihnen zeigt, was und wer Sie sein werden, wenn Sie all das erreicht haben, was Sie erreichen möchten. Ein persönlicher kosmischer Einkaufszettel bedeutet, dass Sie jederzeit da sein können, wo Sie sein wollen.

Wie alles im Entgiftungsprogramm für den Geist ist auch Ihr kosmischer Einkaufszettel Ihre ganz und gar persönliche Angelegenheit und sollte sich allein auf Sie und nur auf Sie beziehen. Ihre Liste muss einprägsam sein und alles enthalten, was Sie sich für sich vorstellen können.

Ihre Liste kann Sie selbst oder andere Menschen enthalten und soll positiv gehalten sein – etwas Negatives darf sich nicht darauf finden. Sie möchten sich doch gar nicht vorstellen, wie es ist, sich in einer negativen Situation zu befinden.

Schreiben Sie auf, was Sie sich vom Leben erwarten und was Sie erreichen wollen, und schließlich werden Sie genau das erreichen. Zum Beispiel:

- Ich führe ein erfolgreiches und profitables Unternehmen.
- Ich habe zu einem bestimmten Zeitpunkt alles, was ich nur will, für meine Familie erreicht.
- Ich bin ausgeruht und bereit für mein weiteres Vorankommen.
- Ich habe viel Zeit für mich allein.

- Ich habe ein neues Hobby aufgenommen, das mich wirklich beflügelt.
- Meine Beziehung ist besser als jemals zuvor. Wir scheinen mit jedem Jahr, das verstreicht, enger zusammenzuwachsen.
- Ich habe jede Menge Selbstvertrauen.

Ich glaube, Sie verstehen, worum es hier geht – beschreiben Sie einfach in der Gegenwartsform sich selbst, wie und was Sie gerne sein möchten. Eine sich selbst erfüllende Prophezeiung.

Gut gemacht! Sie haben nun ein absolut klares Bild vor Augen, wohin Sie unterwegs sind und wie gut es sich anfühlt. Machen Sie im Geiste einfach einen Ausflug dorthin, und Sie werden überrascht sein zu sehen, wie schnell Ihre Vorstellung Wirklichkeit werden kann ...

4
Die Wochenendentgiftung

Im Allgemeinen halte ich nicht viel von kurzen Entgiftungsprogrammen, denn das Wort »kurz« steht häufig für oberflächliches Schnellverfahren oder für Mogelpackung. Entgiftungskuren, die von Ihnen nur die Einnahme eines undefinierbaren Gebräus aus einer Flasche oder die Ergänzung Ihres Speiseplans um ein paar zusätzliche Gemüse verlangen, taugen nichts. Im besten Fall haben sie keinerlei Auswirkungen; im schlechtesten bringen Sie Ihre Verdauung durcheinander und vergällen Ihnen jegliche Entgiftung ein für alle Mal. Das nachfolgende 48-Stunden-Programm aber gewährt Ihrem Körper eine echte Pause. Es zeigt Ihnen, wie gut man sich tatsächlich fühlen kann und dass wirklich vieles für eine ausführlichere Entgiftung spricht.

Wenn Sie also wirklich nur 48 Stunden Zeit haben, sich um den wichtigsten Menschen in Ihrem Leben zu kümmern, verriegeln Sie die Tür und schalten das Telefon aus. Auch wenn Sie noch so erschöpft sind – nach dem Zwei-Tage-Programm werden Sie sich wie neugeboren fühlen. Richten Sie sich Ihren ganz privaten Kur- und Badeort zu Hause ein. Entgiftung kann der reinste Genuss sein – ja, wirklich, sie muss nur die richtigen Anwendungen im richtigen Verhältnis enthalten. Sie werden sich danach großartig fühlen, und das wird man Ihnen auch ansehen.

Weihen Sie ruhig ein paar Freundinnen ein, aber achten

Sie darauf, sich ganz und gar sich selbst zu widmen. Niemand sonst ist wichtig – diese Zeit steht Ihnen zur Verfügung, damit *Sie* sich gut fühlen.
Es gibt viel zu tun. Wie bei jedem außerhalb zugebrachten Wochenende müssen Sie planen, vorbereiten und packen – nun ja, zur Verwendung bereitlegen. Das Wochenende soll Ihnen das Gefühl geben, Sie seien in eine Oase der Ruhe und Entspannung entführt worden, um dort Gesundheit und Lebenskraft zurückzuerlangen. Um Ihnen das Gefühl zu geben, als sei Ihr Kurzurlaub nur noch Augenblicke entfernt, habe ich mir die Freiheit genommen, Ihnen den detaillierten Ablauf Ihres 48-Stunden-Aufenthalts vorab zu schicken ...

Wochenendentgiftung – detaillierter Ablauf

Vorabend
20.30 Uhr Ankunft
Lavendelbad
Frühes Zubettgehen mit dem Tagebuch

Tag 1
Aufwachen mit einem erfrischenden Glas heiße Zitrone
Duschen, um die Woche abzuwaschen –
Haare waschen nicht nötig
Anziehen – lockere, bequeme Kleidung
Frühstück – frisches Obst, Säfte, Shakes und Kräutertee
Ausruhen mit einem guten Buch oder einer Zeitschrift

Reflexzonentherapie
Zweites Frühstück – Früchte, verschiedene Nüsse oder selbst gemachtes Müsli
Yogaübung »Gruß an die Sonne«
Ausruhen bis zum Mittagessen
Mittagessen – Gegrillter Fisch oder Ziegenkäseboulette, Duftreis und Blattsalat
Spaziergang in der Natur
Meditation
Kopfhautmassage und Haarpackung
Entspannung – bei einem guten Buch oder Film
18.30 Uhr Abendessen – Gemüsesuppe nach Thai-Art und gegrilltes Gemüse
»Schwebeentspannung«
Handmassage
21.30 Uhr Zu Bett gehen

Tag 2
Aufstehen
Ein Glas heiße Zitrone
Erfrischender Spaziergang, um die Augen für die Welt zu öffnen
Yogaübung »Gruß an die Sonne«
Körperpeeling und thermotherapeutisches Bad
Entspannung mit Lymphdrainage
Mittags-Snack – Kräutertee und Weintrauben
Zeit zum Lesen, Tagebuchschreiben, Nachdenken
Listenschreiben und mehr
Kerzenmeditation oder Nickerchen

Vorbereitung auf die Ankunft der Freunde
18.30 Uhr Leichtes Abendbrot für Freunde, Partner oder Familie
Frühes Zubettgehen

Der Morgen danach
Aufstehen
Frühstück – kuhmilchfreier Joghurt und Müsli
Kehren Sie erfrischt, erneuert und entgiftet in den Alltag zurück

Sehen Sie, es hört sich großartig an und wird Ihnen gut tun. Wenn Sie sich den Programmablauf genauer ansehen, dann werden Sie mehrere Mittel aus dem 30-Tage-Programm wieder finden. Doch das Programm ist so anwenderfreundlich, dass Sie gar nicht richtig mitbekommen, wie streng Sie mit sich sind.
Doch bevor wir mit den Vorbereitungen beginnen, sollten Sie etwas über den Sinn und Nutzen des Fastens erfahren. In der Wochenendentgiftung ist eine »Minifastenkur« versteckt – lesen Sie, was dies in Ihrem Körper bewirkt.

Fasten

Fasten ist seit vielen Jahren als Mittel vollständiger Reinigung populär. Es bedeutet, nichts zu essen und nur Wasser zu trinken. Fasten gestattet es Ihrem Körper, Schlacken auszuscheiden und das System von allen Ernährungsrückständen zu befreien. Je gründlicher der Verdauungstrakt gereinigt wird, umso besser kann er später die von Ihnen aufgenommenen Nährstoffe absorbieren. Fasten erleichtert außerdem die Freisetzung von Hormonen, die ihrerseits das Immunsystem stimulieren.

> Wichtiger Hinweis
>
> Es gibt eine ganze Reihe von Anweisungen für Fastenkuren unterschiedlicher Dauer. Falls Sie jedoch vorhaben, länger als drei Tage zu fasten, dann sollten Sie es grundsätzlich unter ärztlicher Aufsicht tun.

Wenn man länger als 24 Sunden richtig fasten will, muss man den Körper gezielt darauf vorbereiten, um während dieser Zeit geistig und körperlich fit zu bleiben. Doch es gibt auch Formen des Fastens, die weniger rigoros und ebenso wirkungsvoll sind. In der Wochenendentgiftung ist eine solche Minifastenkur integriert – die Ernährung wird im Verlauf von 24 bis 48 Stunden auf bestimmte Arten reinigender Nahrungsmittel beschränkt.

Am Ende eines Entgiftungsprogramms spüren Sie vielleicht, dass Sie normalerweise zu viele konservierte Lebensmittel und Fertigprodukte essen oder überhaupt zu viel essen. Dann könnten Sie beschließen, regelmäßig die Minifastenkur einzuhalten. Oder Sie nehmen sich vor, einmal wöchentlich eine Miniminifastenkur einzulegen. Sie können sie auf einen Abend legen, an dem Sie nicht ausgehen.

Wenn Sie im Anschluss an ein Entgiftungsprogramm fasten, dann werden Sie die positive Wirkung unmittelbar spüren. Bei jedem neuerlichen Fasten spülen Sie nur noch geringe Mengen von Giftstoffen und Schlacken aus Ihrem Körper. Regelmäßiges Fasten wird also die günstige Wirkung der Entgiftung am besten aufrechterhalten.
Entscheiden Sie aber nicht nur einfach, in den nächsten paar Tagen nichts zu essen. Gute Vorbereitung ist entscheidend, wenn Sie beste Resultate erzielen wollen.

Wie man fastet

Überprüfen Sie zunächst, ob Sie die erforderlichen Gesundheitsanforderungen erfüllen. Wie bei jedem der Entgiftungsprogramme auch dürfen Sie nicht schwanger sein oder stillen. Sie dürfen nicht krank sein oder unter Herzbeschwerden leiden, und Sie dürfen keine verschreibungspflichtigen Medikamente einnehmen.
Dann entscheiden Sie, wann Sie fasten wollen und wie lange: Die Minifastenkur dauert 18 bis 24 Stunden, die Miniminifastenkur 10 bis 14 Stunden.
Oberstes Gebot ist es, allmählich zu beginnen und allmählich aufzuhören. Hier ein paar allgemeine Tipps:

- Die letzten 48 Stunden vor dem Fastenbeginn sollten Sie auf Koffein, rotes Fleisch, Fertiggerichte und Alkohol verzichten.
- Die drei Mahlzeiten vor Fastenbeginn sollten Mahlzeiten aus dem Entgiftungsprogramm sein, sollten also aus den Nahrungsmitteln in den Listen auf Seite 228 bestehen.

- Während des Fastens sollten Sie heißes Wasser mit Zitronensaft und Honig in möglichst großen Mengen zu sich nehmen.
- Trinken Sie jeden Tag mindestens anderthalb Liter Flüssigkeit in Form von Wasser, Kräutertee, Trauben- oder Zitronensaft.
- Wenn Sie von Hungergefühlen überwältigt werden, dürfen Sie ein paar dunkle Weintrauben essen.
- Nach dem Fasten dürfen Sie einen Tag lang nur die in den Listen auf Seite 228 aufgeführten Lebensmittel verzehren. Dann können Sie langsam zur normalen Ernährung zurückkehren.

Die Minifastenkur

Die Minifastenkur kann einmal monatlich durchgeführt werden und gibt Ihrem Körper die »Auszeit«, die er braucht, um sich innerlich zu reinigen. Da die Minifastenkur am Abend vorher beginnt, haben Sie das Gefühl, eigentlich nur ungefähr zehn Stunden lang zu fasten. Sie dauert vom frühen Abend bis zum späten Nachmittag am Folgetag an.

- Nachdem Sie während des Tages schon bewusst gegessen haben, sollten Sie am Abend noch vor 18.30 Uhr nur ein leichtes vegetarisches Mahl – am besten aus dem Entgiftungsprogramm – zu sich nehmen.
- Essen Sie bis zum Spätnachmittag des Folgetags absolut nichts, doch trinken Sie reichlich Kräutertees, Säfte oder Wasser.
- Ihre erste Mahlzeit nach der Minifastenkur sollte leicht sein und aus Früchten, Salat und Vollkornreis bestehen.

- Nehmen Sie um 18.30 Uhr eine weitere Mahlzeit, bestehend aus frischem Obst und Gemüse, zu sich.

Die Miniminifastenkur

Die Miniminifastenkur können Sie einmal wöchentlich machen, wobei Sie kaum bemerken werden, dass Sie fasten! Sie findet nachts statt und beginnt am frühen Abend um etwa 18.30 Uhr und dauert bis etwa 8 Uhr am folgenden Morgen.
Wie bei der Minifastenkur verschlafen Sie den größten Teil des eigentlichen Fastens, und daher kommt es Ihnen so vor, als dauere die Kur nur vier bis fünf Stunden. Da sie nur so kurz ist, fragen Sie sich möglicherweise, wie sie überhaupt von Nutzen sein kann. Doch auch diese kurze Unterbrechung in der Nahrungsaufnahme gibt Ihrem Körper Zeit, Vorhandenes zu verarbeiten und sich zu reinigen.

- Am Abend Ihrer Miniminifastenkur dürfen Sie nach 18.30 Uhr nichts mehr essen.
- Trinken Sie nur noch Wasser oder Kräutertee.
- Ihre erste Mahlzeit am Morgen darf nicht vor 8 Uhr stattfinden. Dann beginnen Sie am besten mit einer heißen Zitrone und Obst zum Frühstück.

Vorbereitung auf die Wochenendentgiftung

Auch wenn das Programm nur 48 Stunden dauert, so müssen Sie es dennoch gut vorbereiten. Damit Sie wirklich abschalten können, sollten Sie alles parat haben, was Sie in den folgenden zwei Tagen brauchen.

Ausrüstung

- Eine aufgeräumte Wohnung (Schlafzimmer, Wohnzimmer, Küche und Badezimmer), damit nichts Sie ablenken und zum Aufräumen animieren kann.
- Warme Räume – stellen Sie die Heizung etwas höher, denn Sie werden die nächsten 48 Stunden nur einen Bademantel und lockere Kleidung tragen.
- Einen frisch gewaschenen Bademantel, einen Hausanzug oder einen warmen Pyjama.
- Ein frisch bezogenes Bett.
- Viele Kissen und ein bequemes Sofa bzw. Sessel.
- Ein Federbett oder eine Wolldecke.
- Saubere, weiche Handtücher.
- Eine Auswahl an Lesestoff – was Ihnen gefällt, aber nichts Arbeitbezogenes.
- Lavendelöl.
- Ein Zitrus- oder Blütenöl Ihrer Wahl.
- Tagebuch oder Notizblock.
- Kugelschreiber und Bleistift und/oder Buntstifte.
- Sonnenblumenöl oder ein anderes Trägeröl, z.B. Mandelöl.
- Massagehandschuh und Peelingprodukte oder mit natürlichem Meersalz versetzte Feuchtigkeitscreme.
- Bimsstein oder Hornhautraspel.
- Kerzen.
- Entspannende Musik.
- Einen Weg, auf dem Sie von zu Hause aus einen Spaziergang machen können.

- Frische Zitronen.
- Eine Auswahl an frischen Früchten.
- Eine Auswahl an Kräutertees oder Ihren Lieblingskräutertee.
- Eine Portion öliger Fisch oder Ziegen- oder Schafskäse.
- Vollkornreis.
- Olivenöl.
- Verschiedenes frisches Gemüse.
- Viel Wasser – aus der Leitung oder aus der Flasche.
- Eine große Menge Weintrauben.
- Gemüsebrühe, salzfrei oder mit wenig Salz.
- Zitronengras.
- Chilis.
- Ziegenmilchjoghurt.
- Eine Auswahl an Nüssen und Körnern (etwa Haselnüsse, Walnüsse sowie Sonnenblumenkerne, Kümmel, Sesam).

Wählen Sie aus den Nahrungsmittellisten (siehe Seite 228) das aus, woraus Sie Ihr Menü für den letzten Abend Ihrer Wochenendentgiftung zaubern wollen, und kaufen Sie ein, was Sie dazu brauchen.

Verlauf der Wochenendentgiftung

Das Programm für die Wochenendentgiftung ist so beschaffen, dass man es an einem Wochenende absolvieren kann. Die meisten Menschen können einigermaßen problemlos ein Wochenende für sich, ohne Arbeit und ohne familiäre Verpflichtungen, einplanen. Wenn Sie die Möglichkeit haben, können Sie das Programm natürlich auch in einem anderen Wochenabschnitt durchführen. Entscheiden Sie sich, welche 48 Stunden am besten geeignet sind, und los geht's.

Vorabend

Beginnen Sie mit dem Programm um 20.30 Uhr. Dann haben Sie genug Zeit, um nach Hause zu kommen, sich umzuziehen, zu packen, zu reisen und anzukommen. Kehren Sie also rechtzeitig von der Arbeit nach Hause zurück, und ziehen Sie bequeme Wochenendkleidung an. Schon vorher haben Sie dafür gesorgt, dass Ihr Partner und Ihre Kinder das Wochenende außerhalb verbringen.

Nehmen Sie ein leichtes Abendbrot zu sich – möglichst nicht später als 19.30 Uhr. Erledigen Sie die wichtigsten Aufgaben im Haushalt und räumen Sie die Zimmer auf, die Sie benutzen werden. Überprüfen Sie die Heizung, und stellen Sie sie etwas höher. Zum Schluss stellen Sie den Anrufbeantworter an, nehmen einen tiefen Atemzug, und lassen Sie sich in die Stille der Entgiftung sinken.

Um 20.30 Uhr sollten Sie die zurückliegende Woche beziehungsweise die letzten paar Tage langsam abstreifen. Die letzte Mahlzeit sollte mindestens eine Stunde zurückliegen, damit der Körper Zeit hat, die Nahrung zu verdauen und zu verarbeiten, bevor Sie zu Bett gehen.

Das Lavendelbad

Das Lavendelbad eignet sich großartig, um ein Entgiftungsprogramm zu beginnen, da es beruhigend, entspannend und ausgleichend wirkt. Beim Entgiften geht es darum, das Leben wieder ins Gleichgewicht zu bringen, die schlechte Stimmung loszuwerden und die gute zu verstärken, den Stress aufzulösen und Ruhe zu fördern. In einem Zustand der Ausgeglichenheit finden wir zu uns. Das Lavendelbad ist eine optimale Vorbereitung auf eine herrliche ruhige Nacht. Außerdem ist Lavendel eines der sichersten ätherischen Öle. Nur sehr wenige Menschen reagieren negativ darauf, und falls doch kleine Mengen unverdünnt mit der Haut in Berührung kommen, dann löst dies kein Brennen aus.

Mischen Sie zwei bis vier Tropfen ätherisches Lavendelöl mit einem Esslöffel Milch oder Sahne. Lassen Sie Badewasser ein und wenn die Wanne voll ist, verteilen Sie den Badezusatz im Wasser. Steigen Sie dann in die Wanne und genießen Sie das Bad 15 bis 20 Minuten lang. Danach trocknen Sie sich ab, packen sich warm ein und gehen am besten sofort ins Bett.

Frühes Zubettgehen mit dem Tagebuch

Spätestens um 21.30 Uhr sollten Sie im Bett sein. Gleiten Sie unter die Bettdecke, und spüren Sie, wie Ihr vom Bad erhitzter Körper die kühlen Laken Ihres frisch bezogenen Bettes erwärmt. Fühlt sich großartig an, nicht wahr?

Das frühe Zubettgehen gibt Ihrem Körper die Gelegenheit, sich für zwölf Stunden physisch und emotional zu entspannen. Der Schlaf an sich ist ein wunderbarer Heiler, und nach Ihrem Lavendelbad haben Sie ideale Voraussetzungen für eine ganze Nacht Tiefschlaf. Lavendel hilft bei fast allen Fällen von Schlaflosigkeit, nicht zuletzt, weil es ein auf Hochtouren laufendes Gehirn ausbremst.

Schreiben Sie die ganzen ungewollten Gedanken, die in Ihrem Kopf durcheinanderwirbeln und Sie davon abhalten, sich mental zu entspannen, auf – dies hilft Ihnen bei der Entgiftung. Schreiben Sie alles, was Ihnen durch den Kopf geht, in Ihr Tagebuch.

Wenn Sie sich zu viele Sorgen machen, dann wird Ihnen das Aufschreiben helfen, das Problem klar zu sehen und eine neue Perspektive zu finden. Wenn Sie sehr beschäftigt sind, dann bedeutet Aufschreiben, dass Sie alles auf Papier festgehalten haben und nichts vergessen können. Wenn Sie glücklich sind, dann gestattet Ihnen Aufschreiben, länger an diesem positiven Gefühl festzuhalten. Wenn Sie dann später einmal unglücklich sind, dann können Sie in Ihrem Tagebuch zurückblättern und sich an die guten Zeiten erinnern und davon aufmuntern lassen.

Sie können an sich selbst schreiben und sich selbst gute Neuigkeiten mitteilen – wie Sie sich fühlen und wie wunderbar es ist, diese Zeit für sich ganz allein zu haben. Sie können sich dazu ermutigen, etwas zu tun, das Sie schon lange tun wollen, aber wofür Sie nie genug Zeit oder Selbstvertrauen hatten. Sie können sich vornehmen und aufschreiben, eine alte Freundin, mit der Sie schon lange nicht mehr geredet haben, anzurufen und sich mit ihr austauschen.

Schreiben Sie alles auf, was Ihnen in den Sinn kommt.

Dann hört es auf, Sie zu beschäftigen, und Ihnen ist tiefer, erholsamer, entspannender und perfekter Schlaf gewiss. Vergessen Sie nicht, das Licht auszuknipsen ...

Tag 1

Heute können Sie aufwachen, wann Sie wollen, doch bitte bleiben Sie bis 9.30 Uhr im Bett. Dafür gibt es mehrere Gründe.
Die ausdrückliche Genehmigung dafür zu haben, länger im Bett zu bleiben, wird all die Sorgen und die Schuldgefühle auflösen, die entstehen, weil Sie noch nicht auf sind und irgendetwas tun. Manchmal ist es gut, wenn man sich dazu bringt, nichts zu tun. Wir füllen unseren Kopf mit Menschen, die wir treffen müssen, mit Aufgaben, die wir zu erledigen haben, mit Gedanken, die wir denken sollen. Kaum je sagen wir: »Dieses Wochenende mache ich nichts« oder: »Die nächsten paar Tage werde ich über gar nichts nachdenken.« Die Vorstellung, nichts zu tun, wird häufig negativ bewertet oder für schlecht befunden. Um Ihren Geist zu entspannen, entgiften Sie sich von negativem Denken, und hören Sie auf, sich unter Druck zu setzen. Von Ihnen wird jetzt tatsächlich erwartet, nur dazuliegen und *nichts* zu tun. Schlummern Sie, denken Sie nach, schauen Sie die Zimmerdecke an, aber tun Sie sonst *nichts.*

Heiße Zitrone

Sobald es 9.30 Uhr ist, dürfen Sie aufstehen. Ziehen Sie einen frisch gewaschenen Bademantel an, gehen Sie in die

Küche, und machen Sie sich eine heiße Zitrone: Der Saft einer Viertel Zitrone in heißem Wasser ist genug. Am besten nehmen Sie eine große Tasse (ca. 250 ml), denn Sie sollen anderthalb Liter Wasser am Tag zu sich nehmen, und so haben Sie bereits einen kleinen Vorsprung. Den Tag mit einer heißen Zitrone zu beginnen reinigt Ihren Gaumen und spült Ihre Leber (das Hauptentgiftungsorgan). Zitronensaft ist außerdem basenbildend und hilft Ihnen, den pH-Wert Ihres Körpers ins Gleichgewicht zu bringen. Dies ist eine wunderbare Art, den Tag zu beginnen, und eine hervorragende Alternative zum stimulierenden Koffein in Kaffee und Tee.

Duschen, um die Woche abzuwaschen

Wasser säubert und erfrischt. Stellen Sie sich all die Anspannungen und all den Stress vor, der mit dem Wasser in den Abfluss gespült wird. Befreien Sie sich während des Duschens von allen negativen Gedanken, die Sie vielleicht in sich tragen. Stellen Sie sich vor, wie sie durch den Abfluss verschwinden, denn da gehören sie hin!

Sie können Ihre Haare spülen, aber benutzen Sie kein Shampoo, denn Ihre Haare erhalten später am Tag eine eigene Behandlung. Bevor Sie die Dusche beenden, stellen Sie das Wasser auf Kalt und lassen das eisige Wasser 30 Sekunden lang über Ihren ganzen Körper laufen. Dies bringt Ihren Kreislauf in Schwung, kräftigt die Muskulatur und reduziert Muskelanspannung.

Bequeme Kleidung

Trocknen Sie sich ab, und ziehen Sie lockere, bequeme Kleidung an. Schlüpfen Sie in Pantoffel oder ein Paar dicke Socken. Wenn Ihr Haar nass ist, trocknen Sie es ab und kämmen es kurz durch – mehr ist nicht erforderlich, da Sie Ihrem Kopf und Ihrem Haar später noch eine Behandlung zuteil werden lassen.

Frühstück

Als Vorbereitung auf Ihre 48-Stunden-Entgiftung haben Sie sich mit einer ausreichenden Auswahl an Obst eingedeckt. Suchen Sie sich nun aus, was Sie zum Frühstück essen wollen. Obst enthält viele Vitamine, Aminosäuren und Mineralstoffe, außerdem ist sein Gehalt an Ballaststoffen und Kalium besonders hoch. Es ist kalorienarm, und der menschliche Körper kann es fast vollständig verwerten. Rohes Obst sorgt für eine wirkungsvolle Reinigung des Verdauungsapparats. Überlegen Sie in Ruhe:

- Welches Obst wollen Sie essen?
- Wie möchten Sie es essen – in Scheiben geschnitten, geschält, gewürfelt oder sogar mit Messer und Gabel?
- Wollen Sie Obst zu Shakes verarbeiten?
- Wollen Sie aus bestimmten Früchten Saft pressen?
- Möchten Sie Ihr Obst zusammen mit einer großen Tasse Kräutertee oder einfach bei kaltem oder warmem Wasser verzehren?

Tipps zur Auswahl und Verarbeitung von Früchten und Obst finden Sie im Anhang, Seite 228. Lassen Sie es sich schmecken!

Ruhe und Entspannung

Inzwischen sollte es ca. 10.30 Uhr sein, und nach all den vorangegangenen Aktivitäten ist nun erst einmal Entspannung angesagt. Fernsehen, Zeitungen oder Fachzeitschriften zu lesen entspannt nicht – Sie wollen doch all dem für eine Zeit lang entfliehen. Befreien Sie Ihren Tag von allem, was Ihnen sonst Stress bereitet, und bringen Sie Ihre Zeit damit zu, Normalität, Frieden und Ruhe zu genießen. Sie brauchen einen unterhaltsamen Roman oder eine Zeitschrift voller interessanter und amüsanter Geschichten. Begeben Sie sich in Ihren »Ruheraum«, machen Sie es sich bequem – legen Sie Ihre Beine hoch, um den Kreislauf zu unterstützen, stützen Sie Ihren Rücken mit ein paar Kissen ab, und kuscheln Sie sich in ein Federbett oder eine warme Wolldecke. Nehmen Sie sich mindestens eine Stunde Zeit für diese Entspannung.

Reflexzonentherapie

In der ultimativen 30-Tage-Entgiftung wurde die Reflexzonenmassage schon vorgestellt (siehe Seite 82). Im Wesentlichen geht es darum, dass es in unseren Füßen Punkte gibt, die mit allen übrigen Körperbereichen in Verbindung stehen. Energiebahnen (Meridiane), die durch den ganzen Körper verlaufen, enden in unseren Füßen. Dort gibt es Druckpunkte, über die Sie Einfluss auf Ihre Organe und Körpersysteme und damit auch auf Ihre Gesundheit, Ihren

emotionalen und körperlichen Zustand nehmen können. In der Reflexzonentherapie geht man davon aus, dass ein blockierter Energiefluss den Körper aus dem Gleichgewicht bringt. Die Arbeit an den Druckpunkten, die mit dem Problem in Zusammenhang stehen, löst die Blockaden auf und stellt das Gleichgewicht wieder her.
Sie werden sich selbst keine professionelle Reflexzonenmassage verabreichen können, doch eine gründliche Fußmassage nimmt positiven Einfluss auf Ihr ganzes Sein. Die Konzentration auf empfindliche Bereiche wird die Auflösung von Blockaden unterstützen und dafür sorgen, dass Sie sich besser fühlen. Die Beseitigung von Blockaden bewirkt außerdem, dass Ihr Körper sich besser entgiften kann.

Fußreflexzonenmassage

Zur Vorbereitung Ihrer Reflexzonenmassage zu Hause benötigen Sie:

- Eine Wanne mit warmem Wasser, in die Sie gleichzeitig beide Füße stellen können.
- Ein Handtuch, um die Füße abzutrocknen.
- Massageöl (nach Belieben).
- Bimsstein oder eine Hornhautraspel für Ihre Füße.

Füllen Sie die Wanne mit warmem Wasser und stellen Sie sie an einen Ort, zum Beispiel vor einen Sessel, an dem Sie Ihre Füße zehn Minuten lang darin baden können. Legen Sie alle Utensilien in Griffweite, und machen Sie es sich mit den Füßen im Wasser gemütlich.

Nach zehn Minuten nehmen Sie die Füße aus dem Wasser und trocknen sie ab. Entfernen Sie mit einem Bimsstein oder mit einer Hornhautraspel die Hornhaut, vor allem an den Fersen. Eine weichere Haut gewährt Ihnen besseren Zugang zu den Druckpunkten.

Nun bringen Sie sich in eine bequeme Position, aus der heraus Sie einen Fuß nach dem anderen bearbeiten können und in der Sie sich nicht zu sehr verrenken müssen. Massieren Sie die Füße nach folgender Anleitung, um Spannungen abzubauen und Blockaden aufzulösen.

- Reiben Sie, wenn Sie es möchten, Ihre Hände mit Massageöl ein.
- Nehmen Sie Ihren Fuß in beide Hände.
- Holen Sie tief Luft, und reiben Sie dann mit dem festen Druck beider Hände Fuß und Unterschenkel von der Fußspitze über Knöchel und Unterschenkel bis hinauf zum Knie und wieder hinunter.
- Wiederholen Sie dies drei- oder viermal, wobei Sie den Druck der Hände erhöhen, wenn Sie sie in Richtung Knie bewegen, und im Druck nachlassen, wenn Sie sie in Richtung Fuß führen.

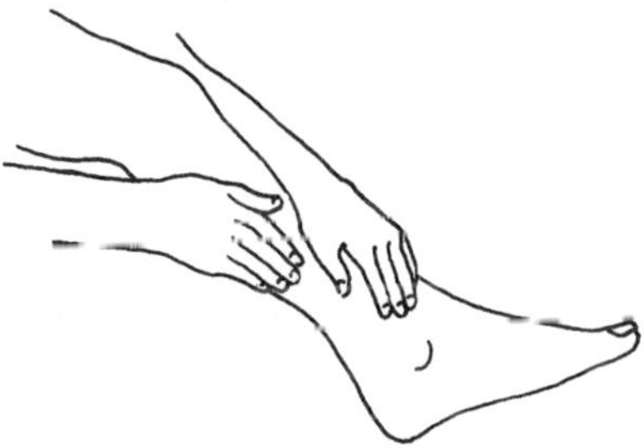

- Halten Sie Ihre Fingerspitzen eng zusammen und legen Sie sie auf Ihre Fußsohlen. Die Handballen und Daumen liegen auf dem Fußrücken.
- Ziehen Sie die Handballen mehrmals mit festem Druck über den gesamten Fußrücken.

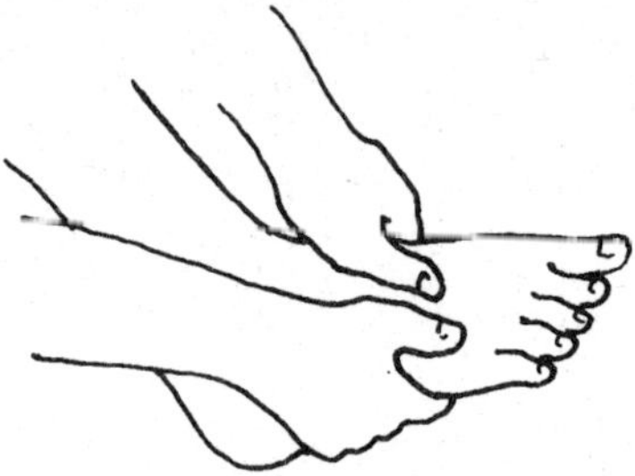

- Führen Sie nun Ihre Hände auf der Oberseite Ihrer Füße so zusammen, dass beide Daumen nebeneinander liegen. Dann ziehen Sie Ihre Fingerspitzen über Ihre Fußsohle nach unten und außen.
- Reiben Sie Ihre Fußsohle kräftig.

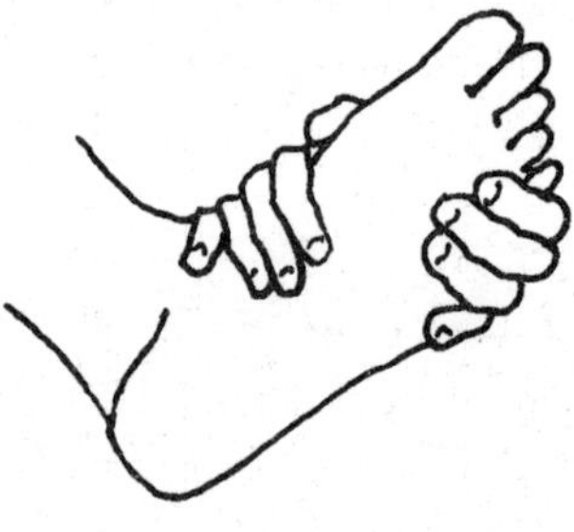

- Legen Sie Ihre Hände flach an beide Seiten Ihres Fußes und bewegen Sie sie so, dass die Knochen im Inneren des Fußes und die Zehengelenke gegeneinander bewegt werden – so, wie Sie es machen würden, um kalte Füße warm zu bekommen.

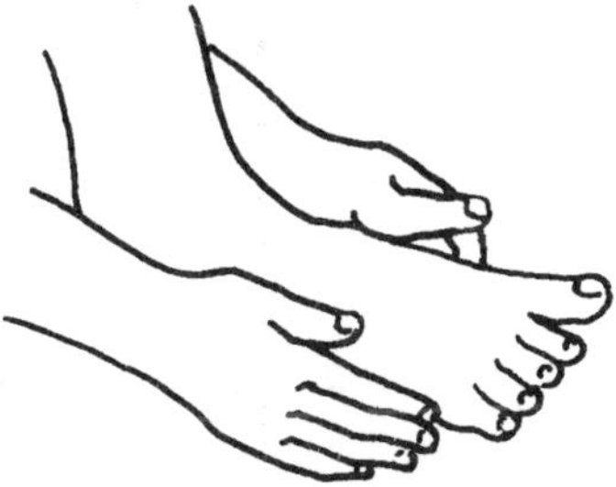

- Bearbeiten Sie nun mit Ihren Daumen den Fußrücken, und zwar mit vielen kleinen, langsamen, tief wirkenden Kreisbewegungen. Falls Sie Öl benutzen, dann wirken diese Bewegungen direkt auf die Gewebe unterhalb der Haut, da die Finger auf Grund des Öls über die Haut gleiten. Verzichten Sie auf Öl, so bearbeiten Sie das Untergewebe indirekt durch die Haut; der von Ihren Fingern ausgeübte Druck hält die Haut fest und bewegt sie zugleich in kleinen Kreisen über den Fußrücken.

- Nun führen Sie die gleichen Bewegungen an der Unterseite Ihres Fußes aus. Denken Sie daran: Mit vielen kleinen Kreisbewegungen ist die Wahrscheinlichkeit größer, dass Sie auch wirklich alle relevanten Druckpunkte abdecken.

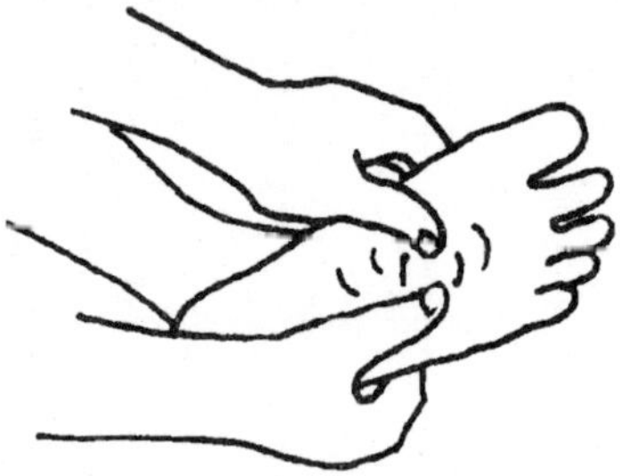

- Wenn Sie an eine Stelle gelangen, die weh tut, dann sollten Sie mit dem Daumen oder Finger Druck auf diesen Punkt ausüben, bis der Schmerz nachlässt. Danach wiederholen Sie die kreisenden Bewegungen.
- Üben Sie mit Daumen und Fingern Druck auf Ihre Ferse aus.
- Bearbeiten Sie jede Zehe einzeln, indem Sie sie ziehen, ein wenig drehen und zwischen zwei Fingern reiben, um die Gelenke zu befreien.
- Fahren Sie abschließend mit langen Bewegungen noch einmal über den Fuß bis hoch zum Knie.
- Sobald Sie mit einem Fuß fertig sind, streifen Sie einen sauberen Baumwollstrumpf über. Sollten Sie Öl verwendet haben, dann entfernen Sie es nicht, da es der Haut des Fußes auch weiterhin Feuchtigkeit spenden wird.
- Nun massieren Sie den anderen Fuß auf dieselbe Weise.

Gut gemacht! Jeder Ihrer einzelnen Körperbereiche hat soeben eine wunderbar entspannende Behandlung erfahren.

Zweites Frühstück

Mehrere kleine Mahlzeiten sind besser als zwei oder drei große, deshalb sollten Sie jetzt zwei Früchte essen und eine Handvoll Nüsse oder Körner. Nutzen Sie außerdem die Gelegenheit, und trinken Sie eine große Tasse heißes Wasser – sie spendet Ihnen Wärme und Erfrischung, hilft Ihnen bei der Entgiftung und führt Ihrem Körper und Ihrer Haut die benötigte Feuchtigkeit zu.

Yogaübung »Gruß an die Sonne«

Yoga und Stretching stärkt Ihre inneren und äußeren Organe und Ihre Muskulatur. Je nachdem, für welche Yoga- oder Dehnübungen Sie sich entscheiden, können sie entweder sanft, langsam und entspannend oder auch recht anstrengend sein.
Falls Sie regelmäßig zum Yoga gehen, dann machen Sie 20 Minuten Ihre üblichen Übungen. Ansonsten folgen Sie der unten stehenden Anleitung. Es handelt sich um eine klassische Yoga-Übung, die aus verschiedenen Stellungen besteht, die hintereinander eingenommen werden. Die komplette Sequenz wird dreimal wiederholt.

»Gruß an die Sonne«

Lesen Sie sich die Anweisungen genau durch, und folgen Sie ihnen. Falls Sie an irgendeinem Punkt feststellen, dass die Anforderungen Ihren Bewegungsradius überfordern, dann setzen Sie sich nicht unter Druck, sondern bleiben einfach im Rahmen Ihrer Möglichkeiten.

- Stellen Sie sich hin, die Füße sind schulterbreit voneinander entfernt. Sie sind in den Knien locker und pendeln ein wenig vor und zurück. Lassen Sie die Arme locker an den Seiten mitschwingen. Diese Bewegungen werden sich ein wenig so anfühlen, als wollten Sie jeden Moment aus einer stehenden Position losspringen.
- Atmen Sie tief durch die Nase ein, und füllen Sie Ihren Bauch mit Luft. Dann atmen Sie langsam und gleichmäßig aus. Auf diese entspannte Weise atmen Sie während der gesamten Übung.
- Führen Sie Ihre Hände vor sich zusammen, legen sie aufeinander und heben sie langsam in die Höhe, bis Sie sich hoch oben über Ihrem Kopf befinden. Strecken Sie sich, und beugen Sie Ihren Körper mit den gestreckten Händen so weit nach hinten, wie es Ihnen möglich ist. Überanstrengen Sie sich dabei nicht, Sie sollen sich nur strecken.

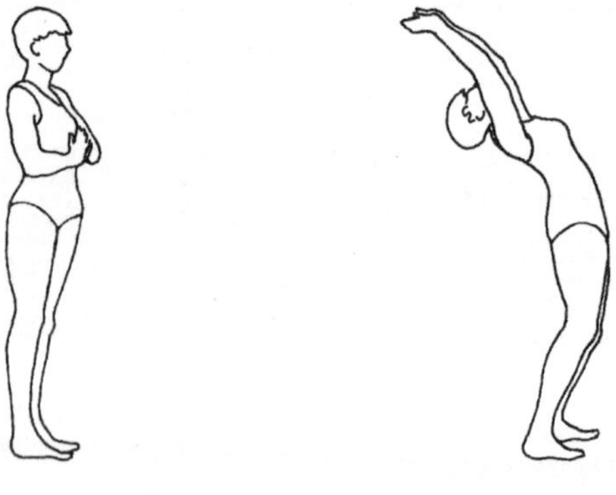

- Bringen Sie nun Ihre Arme ausgestreckt langsam wieder nach vorn und lassen Ihren Körper folgen, bis Sie mit den Händen den Boden oder Ihre Füße berühren können. Strecken Sie sich nun also in die entgegengesetzte Richtung, so weit Sie können. Ihr Rücken ist gerundet, Ihr Kopf unten, Ihr Blick auf die Knie gerichtet. Fühlen Sie die Spannung in allen Muskeln, während Sie die Stellung einen Moment beibehalten.

- Jetzt heben Sie den Kopf und beginnen den Rücken nach vorne zu recken. Dabei beugen Sie Ihr rechtes Bein, während Sie das linke Bein zurückschieben. Die Hände sind neben dem rechten Fuß auf dem Boden aufgesetzt. Wenn das linke Bein ganz nach hinten gestreckt ist, bleiben Sie einen Moment in der Haltung.

- Dann schieben Sie den rechten Fuß zurück, gleichzeitig ziehen Sie den linken Fuß etwas nach vorne, bis beide Füße nebeneinander stehen. Die Hände bleiben auf den Boden aufgesetzt, die Arme sind durchgestreckt, und die Hüfte schiebt sich nach oben.

- Senken Sie nun Ihren Oberkörper, bis er den Boden berührt; hierzu versetzen Sie die Hände so lange nach vorne, bis Ihr Körper sich in einer Ebene mit dem Boden befindet, sich aber auf Ihren Händen und Knien abstützt.

- Drücken Sie die Arme durch und richten den Oberkörper auf. Heben Sie den Kopf und legen Sie Ihn so weit in den Nacken, wie Sie nur können. Halten Sie diese Dehnung eine Weile.

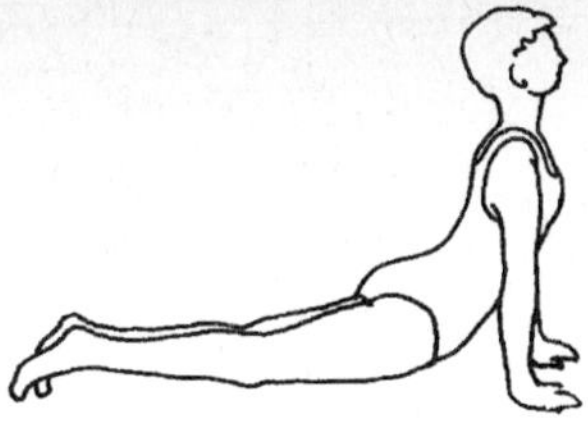

- Ziehen Sie die Füße nach vorne, setzen Sie die Sohlen auf und drücken Sie die Hüfte nach oben. Die Arme bleiben durchgestreckt.

- Führen Sie das rechte Bein zurück, und bringen Sie das linke Bein vor, bis sich der linke Fuß neben den auf den Boden aufgesetzten Händen befindet.

- Nun ziehen Sie das rechte Bein neben das linke und heben das Gesäß; Arme und Beine sind ausgestreckt.

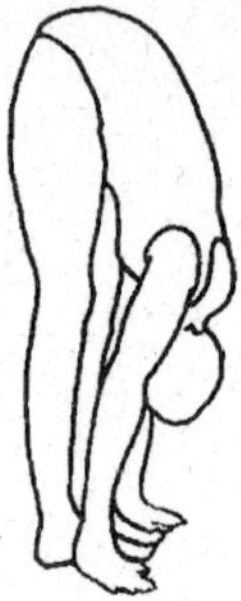

- Rollen Sie die Wirbelsäule langsam nach oben, heben Sie die Arme an Ihren Schultern vorbei über den Kopf. Stecken Sie Arme und Oberkörper nach hinten.

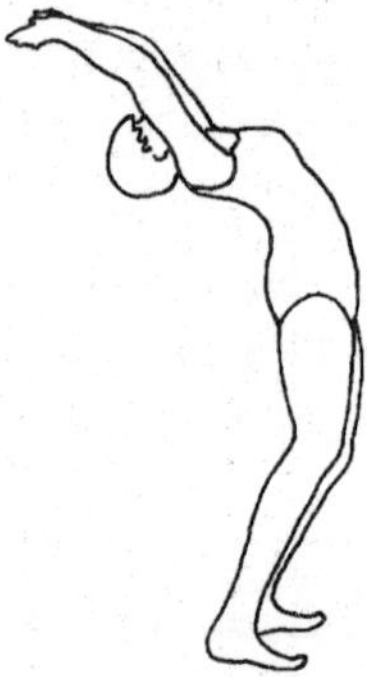

- Strecken Sie Ihre Arme über den Kopf, und führen Sie sie mit zusammengelegten Handflächen wieder vor Ihre Brust.

- Holen Sie tief Luft und wiederholen Sie die Übung noch zweimal.

Diese Übung werden Sie in jedem Teil Ihres Körpers spüren. Sie weitet Ihre Lungen und vertieft Ihre Atmung. Während Sie Ihren Gruß an die Sonne entrichten, zieht Ruhe und Entspannung in Ihnen ein.

Ausruhen

Ziehen Sie sich nun in Ihren Ruheraum zurück, wo Sie vor dem Mittagessen eine Viertelstunde lesen können. Sie haben es sich verdient!

Mittagessen

Was Sie im Rahmen einer Entgiftung verzehren, kann wunderbar exotisch und zugleich sehr einfach sein. Frische, rohe und leicht gedünstete Zutaten versorgen Ihren Körper mit Energie und allem, was er sonst noch braucht.

Sie können sich aus den Nahrungsmittellisten (siehe Seite 228) jedes gewünschte Menü zusammenstellen. Hier ein paar Vorschläge zur Anregung.

Mittagsmenü

Gegrillter Fisch oder Ziegenkäseboulette – Vollkornduftreis – Blattsalat

Reis: Kochen Sie normalen Vollkornreis in Wasser mit einem Stängel Zitronengras und ein paar Zitronenblättern; deren Aroma wird beim Kochen auf den Reis übergehen. Vollkornreis braucht für gewöhnlich bis zu 30 Minuten, um gar zu werden, setzen Sie ihn also als Erstes auf.

Gegrillter Fisch: Jedes Teilstück ist geeignet, öliger Fisch am besten. Grillen Sie den Fisch ein paar Minuten von beiden Seiten, bis die Haut knusprig ist.

Ziegenkäseboulette: Für die Käseboulette brauchen Sie weichen Ziegenkäse oder Ziegenfrischkäse und ein paar Kräuter, z.B. Koriander und Petersilie. Hacken Sie die Kräuter und mischen Sie sie mit dem Käse. Formen Sie eine Boulette.

Blattsalat: Geben Sie den gewaschenen und geputzten Salat (zum Beispiel Endivien, Lollo Rosso, Eichblatt, Rucola) in eine Schüssel. Pressen Sie eine halbe Zitrone und eine halbe Limone darüber aus, und be-

kommen sollen, wie sie uns ins Gleichgewicht bringen und stärken kann. Aber Sie werden schnell dahinter kommen, wenn Sie sich nur die Zeit nehmen, um hinauszugehen, zu sehen, zu spüren, zu berühren und zu riechen.

Meditation

Nach Ihrem Spaziergang ist der richtige Zeitpunkt für eine Meditation. Meditation löst Spannungen auf, lockert unsere Systeme und Muskeln und hilft unserem ständig arbeitenden Kopf, zur Ruhe zu kommen. Meditation hilft Ihnen, sich auf das Jetzt zu konzentrieren und auf das, was in diesem Augenblick geschieht. Alles, was zuvor war, und alles, was noch kommen wird, ist ohne Belang und soll ignoriert werden. In der Meditation geht es darum, im Augenblick zu sein. Entspannen Sie sich, und konzentrieren Sie sich auf das Jetzt.

Anleitung zur Meditation

Sie haben im Zuge Ihrer Vorbereitungen für die Wochenendentgiftung bereits das Telefon ausgeschaltet und dafür gesorgt, dass es in Ihrem Zimmer warm und still ist und dass Sie alleine sind.

Wählen Sie nun eine Position, in der Sie es 20 Minuten lang aushalten können, ohne dass es Ihnen zu unbequem wird. Zum Beispiel:

- Sie könnten auf dem Rücken liegen und zur Entlastung Ihrer Wirbelsäule ein Kissen unter die Knie und unter den Kopf schieben. Ihre Arme sollten mit den Handflächen nach oben neben Ihnen liegen.

- Vielleicht wollen Sie auch im Schneidersitz meditieren. Diese Haltung wird unterstützt durch ein flaches Kissen unter Ihrem Po, das es Ihnen gestattet, das Becken leicht nach vorn zu neigen und die Wirbelsäule gerade zu halten.
- Oder aber Sie sitzen aufrecht mit aneinander gepressten Fußsohlen und locker auf dem Boden abgelegten Knien.

Nun entscheiden Sie sich für ein Mantra. Ein Mantra kann ein Ton, ein Wort oder ein kurzer Satz sein. Zum Beispiel:

- Die Silbe »Om«.
- Wörter wie »Ruhe« oder »Frieden« oder »Gelassenheit« usw.
- Sätze wie »Ich bin glücklich«, »Ich bin gesund«, »Ich bin im Frieden«, »Ich bin ruhig« usw.

Ob Sie die Silbe »Om« leise für sich summen oder in einem ruhigen Rhythmus ein Wort oder einen Satz wiederholen – das Mantra soll leise und rhythmisch sein. Es funktioniert am besten, wenn es bei jeder Wiederholung in Ihren Muskeln nachhallt.
Konzentrieren Sie sich auf Ihr Mantra und auf Ihre Atmung. Atmen Sie tief in den Bauch hinein. Tiefenatmung (siehe Seite 65) wirkt beruhigend und besänftigend, hilft Ihnen, Ihre Gedanken zu sammeln, und schenkt Ihnen Ausgeglichenheit und Konzentration. (Eine vollständige Entspannungsübung finden Sie auf Seite 67).
Machen Sie es sich bequem, und kehren Sie bei sich ein. Verabschieden Sie sich von den Sorgen wegen Ereig-

nissen, die vielleicht nie eintreten oder bereits in der Vergangenheit liegen. Das Einzige, was wirklich wahrhaftig ist, ist der Augenblick, in dem Sie sich jetzt gerade befinden.
Die Meditation sollte nicht länger als 20 bis 30 Minuten dauern.

Kopfhautmassage und Haarpackung

Ein Tag, an dem die Haare sich scheußlich anfühlen, kann auch im unverwüstlichsten Menschen trostlose und düstere Gedanken auslösen. Unser Haar ist ein wichtiger Bestandteil dessen, wie wir uns fühlen und wie wir aussehen. In Krisenzeiten trösten sich nicht wenige mit einem neuen Haarschnitt oder einer neuen Haarfarbe – »Ich brauchte einfach eine Veränderung«. Solche Veränderungen symbolisieren für viele einen Neuanfang.
Nun ist also der Augenblick gekommen, um sich um Ihre Haarpracht zu kümmern. Das beste Mittel, um sich glänzende und gesunde Haare zu bewahren, ist natürlich eine ausgeglichene Ernährung, bestehend aus viel frischem Obst und Gemüse. Doch gibt es noch ein paar weitere Maßnahmen, die Sie ergreifen können, wenn Sie sich glänzende, gesunde Haare wünschen.

- Zunächst einmal benötigen Sie ein Handtuch, das groß genug ist, damit Sie es fest um Ihren Kopf wickeln und 15 bis 20 Minuten lang hält.
- Für die Packung brauchen Sie eine große reife Avocado, drei Esslöffel Olivenöl und einen Teelöffel klaren Honig. Vermischen Sie diese Zutaten zu einer Paste. Stellen Sie

sie griffbereit ins Badezimmer neben Waschbecken bzw. Wanne.

- Jetzt füllen Sie einen Becher mit Apfelsaft, halten Ihren Kopf über das Waschbecken oder die Badewanne, lassen den Saft langsam in Ihre Haare laufen. Verteilen Sie ihn so lange, bis Haar und Kopfhaut gleichmäßig feucht sind.
- Während Sie sich noch immer über das Waschbecken/die Badewanne beugen, legen Sie beide Hände links und rechts an Ihren Kopf, als wollten Sie sich die Ohren zuhalten. Lösen Sie die Handteller und lassen Sie nur Ihre Fingerspitzen am Kopf ruhen. Damit üben Sie nun kräftigen Druck auf die Kopfhaut aus. Machen Sie langsame, feste, kreisende Massagebewegungen. Sie wollen nicht Ihre Haare auf der Kopfhaut hin und herschieben, sondern das zwischen Haut und Schädel befindliche Gewebe bearbeiten. Sobald Sie einen Bereich ausreichend massiert haben, versetzen Sie Ihre Fingerspitzen ein wenig und beginnen an einer anderen Stelle erneut, bis Sie die gesamte Kopfhaut zu neuem Leben erweckt haben. Bewegen Sie Ihre Fingerspitzen rhythmisch und langsam. Achten Sie darauf, in den Schultern nicht zu verspannen.
- Wenn Sie den ganzen Kopf auf diese Weise massiert haben, fassen Sie dicke Haarsträhnen dicht an der Kopfhaut und bewegen sie in langsamen, entspannenden Kreisen. Ziehen Sie leicht an diesen Strähnen, um den Blutkreislauf in Gang zu bekommen und für die Durchblutung der Haarwurzeln zu sorgen.

- Als Nächstes klopfen Sie in raschen, belebenden Bewegungen mit den Fingerspitzen die gesamte Oberfläche Ihres Kopfes ab. Nach dieser Behandlung wird Ihre Kopfhaut leicht prickeln.
- Entspannen Sie sich. Nehmen Sie die Avocadopackung zur Hand und massieren Sie sie auf dem ganzen Kopf in den Haaransatz. Teilen Sie Ihre Haare in Bereiche ab, die Sie einfacher bearbeiten können. Danach reiben Sie die Mischung auch in die Haare selbst. Wenn die ganze Masse verteilt ist, wickeln Sie Ihren Kopf in das bereitgelegte Handtuch und entspannen sich 15 bis 20 Minuten lang. (Falls Sie Angst haben, das Handtuch zu beschmutzen, dann können Sie sich eine passende Plastiktüte überstülpen oder den Kopf mit Klarsichtfolie umwickeln, bevor Sie zum Handtuch greifen.) Die durch die Kopfhautmassage gesteigerte Durchblutung sorgt nun dafür, dass all das Gute in Ihrer Packung von Haaren, Haarwurzeln und Kopfhaut aufgenommen wird.
- Sobald die Zeit abgelaufen ist, entfernen Sie das Handtuch und spülen Ihre Haare mit heißem Wasser gründlich aus. Zum Abschluss waschen Sie es noch einmal mit ein wenig Shampoo. Rubbeln Sie es so weit wie möglich mit dem Handtuch trocken, und überlassen Sie es dann der frischen Luft – da Sie den Abend zu Hause verbringen, sind Föhn und Lockenwickler nicht erforderlich.

Entspannung

Nun haben Sie sich Ihre Pause wirklich verdient. Legen Sie Ihren Lieblingsfilm in den Videorecorder, kuscheln Sie sich mit einem guten Buch aufs Sofa oder dösen Sie einfach nur. Sorgen Sie dafür, warm genug zu sein, insbesondere wenn Ihr Haar noch feucht ist. Gehen Sie davon aus, nichts zu tun, und genießen Sie jeden Augenblick davon. Jedes Mal, wenn sich ein Gedanke in Ihrem Kopf meldet, der nichts mit Ihrer Entspannung zu tun hat, lassen Sie ihn einfach vorbeiziehen. Konzentrieren Sie sich darauf, wie Sie sich jetzt fühlen, wie entspannt sich Ihre Kopfhaut anfühlt, wie anregend das Buch oder spannend der Film ist. Sie wollen nichts, als sich gemütlich einkuscheln, Ihre Entspannung genießen und sich einfach wohl fühlen.

Abendessen

Nun können Sie in die Küche schweben und sich eine leckere Abendmahlzeit zubereiten. Decken Sie den Tisch, und sorgen Sie für eine bequeme Sitzgelegenheit. Sie sollten gegen 18.30 Uhr essen, denn dies wird Ihre letzte Mahlzeit sein, bevor die im Programm integrierte Minifastenkur beginnt (siehe Seite 141).

Kauen Sie jeden Bissen gründlich, am besten legen Sie Messer und Gabel zwischendurch immer wieder ab. Statt die Mahlzeit zu beenden, ohne überhaupt wahrzunehmen, was Sie gegessen haben, versuchen Sie, alles zu schmecken, was Sie zur Zubereitung verwendet haben.

Abendessen

Gegrilltes Gemüse – Gemüsesuppe nach Thai-Art

Gegrilltes Gemüse: Sie brauchen eine große Portion gemischtes Gemüse (z.B. Zucchini, Zwiebeln, Brokkoli,

Kartoffeln, Fenchel), eine kleine Rote-Bete-Knolle, einen Teelöffel frisch geriebenen Ingwer und ein wenig zerkrümelten Ziegenkäse.
Heizen Sie den Backofen auf 180 °C vor. Das gewaschene und geputzte Gemüse zerteilen Sie in Streifen. Legen Sie die Streifen in eine große feuerfeste Form, rühren Sie den geriebenen Ingwer unter und verteilen Sie den zerkrümelten Ziegenkäse darüber. Backen Sie das Gemüse im Ofen etwa 40 Minuten, bis alles weich und der Ziegenkäse schön gebräunt ist.

Gemüsesuppe: Sie brauchen eine Auswahl an Gemüse (z.B. Möhren, Zucchini, rote Zwiebeln, Kürbis, grüne Bohnen), einen Würfel Gemüsebrühe, einen Stängel Zitronengras, eine halbierte Chilischote, ein wenig Ziegen- oder Schafmilchjoghurt und frisches Koriandergrün.
Schneiden Sie das Gemüse klein, geben Sie es in einen Topf und bedecken Sie es mit Wasser. Geben Sie den Brühwürfel, das Zitronengras und die Chilischote hinzu und vermischen alles. Dann bringen Sie das Ganze zum Kochen. Sobald das Gemüse gar ist, nehmen Sie den Topf vom Herd und gießen die Brühe in eine Schüssel ab. Entfernen Sie die Chilischote und den Zitronengrasstängel aus dem Gemüse und pürieren Sie es. Danach geben Sie die Brühe wieder dazu und rühren den Joghurt hinein.

Bestreuen Sie die Suppe mit gehacktem Koriandergrün und servieren Sie sie zusammen mit dem Gemüse.

»Schwebeentspannung«

Natürlich können Sie sich nicht hinlegen und entspannen, nachdem Sie gerade erst gegessen haben. Doch sobald Sie sich bereit dafür fühlen, kreieren Sie Ihre eigene Schwebeentspannung.

Legen Sie alle Kissen, die Sie finden können, auf den Boden – Sie brauchen mindestens sechs Kissen. Stellen Sie Kerzen auf und zünden Sie sie an, legen Sie entspannende Musik auf.

Nun bringen Sie sich in Position: Legen Sie sich auf den Boden und schieben Sie je ein Kissen unter Ihre Oberschenkel, damit Ihre Wirbelsäule flach auf dem Boden zu liegen kommt. Schieben Sie ein weiteres Kissen unter Ihre Knöchel, um die Füße zu stützen. Wählen Sie ein besonders weiches Kissen für Ihren Kopf und Nacken aus, und legen Sie auch jeweils eines unter Ihre Arme. Sie sollten sich überall abgestützt und wie in einem Schwebezustand fühlen, wobei Ihre Gliedmaßen am besten ein wenig höher liegen als Ihr Torso. Bleiben Sie so mindestens eine halbe Stunde lang liegen ... und genießen Sie.

Handmassage

Diese letzte Behandlung des Tages sollten Sie am besten im Bett vornehmen. Dann können Sie Ihre Hände nach der Behandlung am längsten – ideal ist über Nacht – warm halten und eingewickelt lassen, sie können viel Feuchtigkeit aufnehmen und sind am nächsten Morgen wunderbar zart. Also machen Sie sich auf ins Bad, um Ihre Zähne zu putzen, stellen alles auf dem Nachttisch bereit und legen sich ins Bett. Die Massage, um die es hier geht, ist sehr einfach, aber hervorragend geeignet, um Ihre Hände von all den abgestorbenen Hautpartikeln zu befreien, ihnen Feuchtigkeit zu spenden und die Durchblutung in den »Werkzeugen« zu fördern, die wir alle täglich benutzen, an die wir aber dennoch kaum je einen Gedanken verschwenden. Sie brauchen:

- Meersalz.
- Lavendelöl.
- Olivenöl.
- Ein paar dünne Baumwollhandschuhe (falls Sie keine haben, verwenden Sie kleine Handtücher).

Mischen Sie einen Esslöffel Meersalz mit einem halben Esslöffel Olivenöl und drei bis vier Tropfen Lavendelöl.
Verteilen Sie die Mischung auf beiden Händen, und reiben Sie dann eine Zeit lang die Hände mit »wringenden« Bewegungen aneinander. Sorgen Sie dafür, die Paste überall bis hin zu den Handgelenken zu verteilen. Lassen Sie die Paste zum Schluss etwa eine Minute lang einziehen, dann spülen Sie Ihre Hände in warmem Wasser.
Möglicherweise ist ein leichter Ölfilm zurückgeblieben, aber das macht nichts. Verteilen Sie noch ein wenig mehr Olivenöl auf Ihren Händen, dann fangen Sie an zu massieren:

- Wringen Sie Ihre Hände, als würden Sie sie gründlich waschen.

- Drücken Sie den Daumen der einen auf die Handwurzel der anderen Hand und massieren Sie mit festen, kreisenden Bewegungen den gesamten Bereich aus Handgelenk und Handrücken.
- Legen Sie den Daumen in den Zwischenraum der Fingerwurzeln, und schieben Sie ihn zwischen den Knochen Richtung Handgelenk.
- Massieren Sie mit den kreisförmigen Bewegungen des Daumens den Handrücken.
- Bearbeiten Sie den Ellenrand.
- Drehen Sie die zu massierende Hand um, und bewegen Sie den Daumen in kleinen, festen Kreisen über den Handteller nach außen und in Richtung zu den Fingerspitzen. Dabei bearbeiten Sie den Daumenballen besonders gründlich.

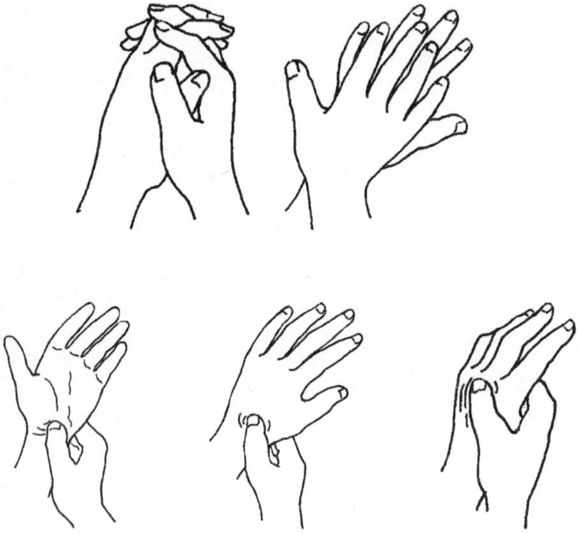

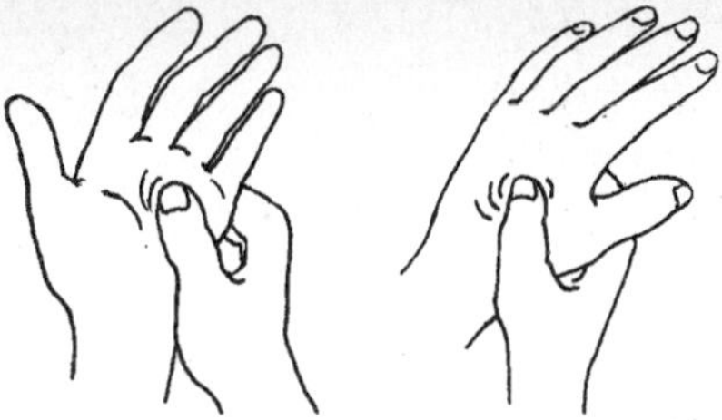

- Nun wiederholen Sie die gesamte Prozedur mit der anderen Hand.
- Danach pressen, wringen und strecken Sie jeden einzelnen Finger.
- Schieben Sie langsam, aber fest die Nagelhaut jedes einzelnen Fingers mit dem Daumen zurück. Tun Sie es nicht mit dem Fingernagel, denn Sie könnten die Nagelhaut verletzen.
- Reiben Sie Ihre Hände noch einmal gegeneinander. Dann streifen Sie die Baumwollhandschuhe über oder wickeln Ihre Hände in die bereitgelegten Handtücher.

Knipsen Sie das Licht aus, kuscheln Sie sich gut ein, und schlafen Sie wie ein Säugling.

Tag 2

Erwachen Sie langsam, und stehen Sie auf. Entfernen Sie die Baumwollhandschuhe oder die Handtücher von Ihren Händen und legen Sie sie in den Wäschekorb.

Kleiden Sie sich gemächlich und in Vorbereitung auf Ihren Morgenspaziergang an.
Beginnen Sie auch den heutigen Tag mit einem Glas heiße Zitrone. Dazu geben Sie den Saft einer Viertel Zitrone in eine große Tasse (ca. 250 ml) heißes Wasser (siehe Seite 148). Verzichten Sie auf jedes weitere Frühstück, denn Sie haben Ihre Minifastenkur nun schon zur Hälfte geschafft.

Ein erfrischender Spaziergang

Begeben Sie sich auf einen munter machenden Spaziergang – schreiten Sie nicht zu flott aus, denn vermutlich werden Sie Hunger haben. Erinnern Sie sich an Ihren gestrigen Weg, und nehmen Sie sich genug Zeit, um die Dinge am Wegesrand zu betrachten und ihre Veränderung wahrzunehmen.

Yogaübung »Gruß an die Sonne«

Sobald Sie wieder zu Hause sind, wiederholen Sie die Yogaübung vom Vortag und entrichten Sie Ihren Gruß an die Sonne (Seite 157). Spüren Sie, wie Ihr Körper sich dehnt, wie Ihre Lunge sich weitet, die frische Luft aufnimmt und die alte, verbrauchte ausatmet.

Körperpeeling und thermotherapeutisches Bad

Nun ist Ihr Körper an der Reihe mit einer vollständigen Reinigungskur. Sie werden sich vollständig »häuten«, ein entspannendes und belebendes Bad nehmen und schließlich Ihrer Haut ein gehöriges Quantum Feuchtigkeit zuführen.

Das Abstreifen toter Hautzellen beim Peeling unterstützt die Blutzirkulation und gestattet es der Haut, freier zu atmen. Dies wiederum ist eine gute Vorbereitung für das thermotherapeutische Bad. Die Kombination von heißen und kalten Bädern ist seit Jahrhunderten Bestandteil von Entgiftungsbehandlungen. Die Kneipp-Kultur in Deutschland befürwortet seit langem Wechselbäder zur Anregung des Kreislaufs und als natürliches Heilverfahren. In der abschließenden Anwendung wird der Körper gründlich mit Feuchtigkeitslotion eingecremt.

Seien Sie darauf vorbereitet, dass die Behandlung Sie ermüden wird, und achten Sie darauf, genug zu trinken, denn alles, was den Kreislauf antreibt, wird auch Ihren Flüssigkeitsbedarf steigern.

Ihr Heimkurbad

Im Idealfall haben Sie Zugang sowohl zu einer Dusche als auch zu einer Badewanne. Falls nicht, ist auch eine Wanne mit Brause oder nur eine Dusche in Ordnung. Auf jeden Fall muss Ihnen in kurzer Abfolge heißes und kaltes Wasser zur Verfügung stehen.

Sie brauchen ein großes Handtuch und für das Peeling eine Hand voll Meersalz, eine Tasse Olivenöl und Pfefferminzöl; außerdem Feuchtigkeitslotion und Wasser, das Sie während der Anwendung trinken können.

- Beginnen Sie, indem Sie im Badezimmer alle Fenster schließen und eine große, frisch gewaschene Badematte vor die Badewanne legen. Drehen Sie die Heizung voll auf, um ordentlich Hitze zu produzieren.

- Lassen Sie ein heißes Bad einlaufen, so dass sich Dampf im Raum bildet. Bleiben Sie im Badezimmer, während das Wasser einläuft, damit Sie bereits davon profitieren, dass der Dampf Ihre Poren öffnet und Ihr Körper zu schwitzen beginnt. – Wenn Sie nur eine Badewanne und keine extra Dusche haben, machen Sie zuerst das Peeling wie im Folgenden beschrieben und waschen es unter der Dusche ab. Dann lassen Sie heißes Wasser in die Wanne laufen.
- Vermischen Sie für das Peeling in einer Schüssel eine Hand voll Meersalz, eine Tasse Olivenöl und ein paar Tropfen Pfefferminzöl.
- Auf einer Matte oder einem Handtuch stehend, verteilen Sie die Lotion mit kräftigen Kreisbewegungen über Ihren ganzen Körper, um abgestorbene Hautpartikel zu lösen.
- Nachdem Sie Ihr Körperpeeling beendet haben, stellen Sie sich unter die warme Dusche und massieren dabei Ihren Körper weiter, bis die Salz-Öl-Mischung abgespült ist. Sie sollten sich danach erfrischt fühlen, Ihre Haut muss angenehm kribbeln.
- Legen Sie sich nun in die gefüllte Wanne, und entspannen Sie sich zehn Minuten lang.
- Dann steigen Sie aus der Wanne und stellen sich unter die eiskalte Dusche. Halten Sie es mindestens 20 Sekunden lang aus. Sollten Sie über keine eigene Dusche verfügen, dann kühlen Sie über dem Waschbecken nur Ihren Kopf, die Arme und den Oberkörper ab.
- Begeben Sie sich zurück in die Wanne, und entspannen Sie für weitere fünf Minuten.

- Darauf folgt wieder ein Abkühlen unter der Dusche bzw. am Becken für 20 Sekunden.
- Steigen Sie danach erneut für fünf Minuten in die heiße Wanne.
- Schließen Sie den Gang mit noch einmal zehn Sekunden kaltem Duschen ab.
- Wickeln Sie sich in ein warmes Handtuch, und entspannen Sie sich fünf Minuten lang.
- Entfernen Sie das Handtuch und cremen Sie im warmen Badezimmer Ihren ganzen Körper mit der Feuchtigkeitslotion ein. Massieren Sie gründlich und geizen Sie nicht mit der Lotion. Ihr Körper braucht eine satte Feuchtigkeitszufuhr – von innen wie von außen.

Entspannung

Wahrscheinlich fühlen Sie sich jetzt entspannt und angenehm schläfrig. Sie haben bisher noch nichts gegessen, also trinken Sie nun eine große Tasse Kräutertee. Begeben Sie sich in Ihren »Ruheraum« und suchen Sie einen Platz, wo Sie es sich mit hochgelegten Beinen bequem machen können. Unterstützen Sie Ihre Beine mit Kissen, damit sie höher liegen als Ihre Hüften. So fördern Sie den Lymphfluss, während Sie selbst still sitzen bleiben. Normalerweise wird die Lymphe durch die Bewegung der Muskulatur durch den Körper gepumpt, doch wenn Sie Ihre Beine hoch legen, dann erledigt die Schwerkraft das für Sie.

Mittags-Snack

Während der Minifastenkur schenken Sie Ihrem Körper Ruhe und sorgen für seine Reinigung. Da Sie sich außer-

dem wenig bewegen, erhalten auch Ihre Muskulatur und Ihre inneren Organe Gelegenheit zum Ausruhen.
Lassen Sie sich mit Weintrauben und einem Becher Pfefferminztee irgendwo nieder. Essen Sie langsam, zerdrücken Sie die einzelnen Trauben mit der Zunge an Ihrem Gaumen, oder zerbeißen Sie sie zwischen den Zähnen. Spüren Sie, wie der Saft Ihren Mund füllt – reinigend, erfrischend und belebend.

Entspannung

Nach dem Mittagessen ist Ruhezeit. Sie kann jede beliebige Form annehmen, aber auf jeden Fall sollten Sie sich in eine bequeme Position bringen und warm halten. Sie können ein gutes Buch lesen, Eintragungen in Ihr Tagebuch machen oder einfach nur dasitzen und nachdenken. Doch das Thema Ihrer Gedanken müssen Sie selbst sein: wie es Ihnen geht, wie Sie sich fühlen, was Sie denken. Nehmen Sie sich Zeit für sich. Beschäftigen Sie sich *nicht* mit Ihrer Arbeit oder mit Ihren Verpflichtungen der Familie gegenüber, auch nicht mit irgendwelchen anderen Anforderungen, die an Sie gestellt werden. Heute sind Sie an der Reihe. Vielleicht nicken Sie darüber ein und träumen, doch sorgen Sie dafür, dass der Traum von Ihnen handelt!

Listenschreiben und mehr

Nachdem Sie sich entspannt haben und wieder wach sind, sollen Sie ein paar Gedanken niederschreiben über das, was Sie sich vom Leben erwarten, welche Pläne Sie für die nähere und entferntere Zukunft haben. In Ihrer bisherigen 48-Stunden-Entgiftung sind Sie immer schön in der

Gegenwart geblieben, doch nun dürfen Sie sich einen Blick in die Zukunft gestatten.
Was Sie in diesem Zusammenhang aufschreiben, kann in vielerlei Hinsicht nützlich sein:

- Sie bekommen die Angelegenheiten aus dem Kopf und beseitigen das Durcheinander.
- Was Sie beschäftigt, ist zu Papier gebracht. So haben Sie Ihre Wünsche, Gedanken und Ideen direkt vor Augen und nicht mehr nur vage in Ihren Gedanken – das gibt Ihnen eine neue Perspektive.
- Sie halten Ihre Gedanken fest und müssen keine Zeit damit verschwenden, sich an sie zu erinnern.
- Beim Aufschreiben durchdenkt man die Dinge anders, als wenn man Sie nur im Kopf von einer Seite zur anderen wälzt.
- Sie können sich mit Ihren aufgeschriebenen Gedanken immer dann beschäftigen, wenn Sie es wollen.
- Sie können die Gedanken abhaken, sobald Sie die erforderlichen Konsequenzen aus ihnen gezogen haben, sobald sie wahr werden oder sobald sie nicht mehr länger relevant sind.
- Das Aufschreiben von Gedanken entgiftet den Geist, schafft Platz für neue, konstruktive Ideen, größere Pläne und Träume.

Wenn man niederschreibt, was einen beschäftigt oder was man sich wirklich wünscht, und dies in die rechte Schublade legt – wo immer diese auch sein mag –, dann soll das Aufgeschriebene wahr werden, ins Lot kommen oder sich einfach auflösen – abhängig davon, was in der Situation angemessen ist. Dies ist ein Hinweis auf die Kraft positiven Denkens und darauf, dass das Universum die Dinge geraderückt, die man ihm überlässt. Das hat nichts mit dem Abwälzen von Verantwortung zu tun. Es bedeutet lediglich, dass man für jegliche angebotene Hilfe offen ist. Probieren Sie es aus, und sehen Sie, was passiert – vielleicht funktioniert es ja.

Kerzenmeditation

Nun nähern Sie sich dem Ende Ihrer Minifastenkur und Ihrer 48-Stunden-Wochenendentgiftung. Sie sollten sich bereits wohl, erfrischt und durch und durch sauber fühlen. Bevor Sie sich jedoch daran machen, Vorbereitungen für Ihre Gäste am heutigen Abend zu treffen, geben Sie Ihrer Kur mit einer Kerzenmeditation einen würdigen Abschluss. Zünden Sie eine Kerze an, und stellen Sie sie vor sich hin – die Flamme sollte sich, wenn Sie bequem sitzen, etwa auf Augenhöhe befinden. Begeben Sie sich in den Schneidersitz, halten Sie Ihren Rücken gerade, legen Sie Ihre Hände mit den Handtellern nach oben auf Ihre Oberschenkel. Atmen Sie tief in Ihren Bauch hinein, und entspannen Sie sich (siehe Seite 171).

- Konzentrieren Sie sich auf die Flamme und ihre glühende Energie. Beobachten Sie das Flackern und die Bewegung des Lichts.
- Machen Sie sich bewusst, dass die kleinste Zugluft die Flamme auslöschen kann. Sehen Sie, wie sie flackert, sich erholt und hell und kräftig weiterbrennt wie zuvor.

- Sehen Sie, wie die Flamme sich bewegt, wenn Sie gleichmäßig durch Ihren offenen Mund ausatmen.
- Stellen Sie sich vor, dass Sie die Wärme der Flamme beim Einatmen in Ihren Bauch aufnehmen.
- Sehen Sie das goldene Licht, und stellen Sie sich vor, wie es mit jedem Atemzug durch Ihren Körper reist. Atmen Sie es ein, bis Sie vollständig von dem warmen goldenen Licht erfüllt sind.
- Schließen Sie die Augen, und sehen Sie die Flamme weiterhin vor Ihrem inneren Auge. Erhalten Sie das Bild eine Zeit lang aufrecht.
- Öffnen Sie langsam Ihre Augen, und verlassen Sie den Schneidersitz.
- Stehen Sie auf, und schütteln Sie Ihre Glieder, bis Sie das Gefühl haben, sie ausreichend gelockert zu haben.
- Nehmen Sie einen letzten tiefen Atemzug, strecken Sie sich so, dass Ihre Arme über Ihnen die Decke fast berühren, behalten Sie die Haltung einen Moment lang bei und entspannen sich dann.

Sehr gut! Nun sind Sie vollständig entgiftet.

Leichtes Abendbrot

Nun müssen Sie nur noch ein leckeres Abendbrot zubereiten, das Sie mit Ihrem Partner, mit Freunden oder Ihrer Familie einnehmen. Achten Sie darauf, erst nach 18.30 Uhr zu essen, damit Sie Ihre Minifastenkur auch wirklich zum Abschluss bringen. Auf der Basis der Zutatenlisten im Anhang (siehe Seite 228) haben Sie freie Wahl in der Zubereitung. Am besten ist etwas Leichtes. Gegrillter Fisch und

Salat mit frischem Obstsalat zum Nachtisch wäre eine gute Wahl.
Bleiben Sie nicht zu lange auf an diesem Abend. Spätestens um 22.30 Uhr sollten Sie im Bett sein, doch entscheidend ist, was Ihr Körper Ihnen sagt. Falls Sie bereits vorher müde werden, dann danken Sie Ihren Gästen für den Abend und ziehen sich zurück.

Der Morgen danach

Nach dem erfrischenden Schlaf einer ganzen Nacht sollten Sie den Tag mit einem feinen Müsli beginnen.
Während Sie Ihre heiße Zitrone trinken, mischen Sie in einer Schale Körner, Nüsse und Früchte (frisch oder getrocknet), geben Ziegen- oder Schafmilchjoghurt hinzu und lassen es sich schmecken. Kauen Sie langsam und machen Sie sich die pure Energie bewusst. Was für eine wunderbare Art, den Tag zu beginnen.
Ich gratuliere Ihnen zu Ihrem Erfolg und wünsche Ihnen auch weiterhin alles Gute!

5
Die Wohnungsentgiftung

Unser Zuhause gehört mit zum Wichtigsten in unserem Leben. Wir investieren so viele Hoffnungen, Wünsche und Träume, so viel Mühe und Geld in unsere Wohnung oder unser Haus. Warum also sollten wir nicht versuchen, für uns und die Menschen, mit denen wir dort wohnen, das Beste daraus zu machen?

Das Zuhause zu entgiften heißt, alles fortzuräumen, was negative Energie, destruktiven Einfluss oder auch nur schlechte Schwingung bedeutet. Dieses Programm gibt Ihnen die Mittel in die Hand, um jedem Raum zu einer glücklichen, tröstlichen, stärkenden und entspannenden Ausstrahlung zu verhelfen. Auf diesem Weg wird es Ihnen außerdem gelingen, Ihr Leben und das der Menschen, mit denen Sie zusammenleben, zum Erblühen zu bringen, durch Erfolg zu bereichern und wertvoller zu machen.

Familien, zwischenmenschliche Beziehungen, die Arbeit – das alles ist unglaublich wichtig. Doch wenn Sie kein richtiges Zuhause haben, in das Sie zurückkehren und wo Sie einfach Zeit verbringen können, das Sie tröstet und beschützt, dann ist es auch in anderen Bereichen schwierig, Glück zu finden.

Hat Ihr Zuhause eine Entgiftung nötig?

Wenn Sie eine der nachfolgenden Fragen mit ja beantworten – nicht nur im Hinblick auf Ihr Zuhause, sondern auf jeden Bereich Ihres Lebens –, dann ist Entgiftung genau das Richtige für Sie.

- Fühlen Sie sich zu Hause ausgelaugt?
- Haben Sie ein Zimmer, das Ihnen zu dunkel erscheint?
- Leiden Sie häufig unter Gesundheitsbeschwerden?
- Quälen Sie sich mit schlaflosen Nächten?
- Misslingen Ihnen persönliche Beziehungen?
- Fühlen Sie sich verwirrt und unruhig?
- Haben Sie wiederkehrende Albträume?
- Möchten Sie in Ihrem Beruf erfolgreicher sein?
- Würden Sie gerne mehr Geld verdienen?
- Sehnen Sie sich nach mehr Glück?
- Wünschen Sie sich mehr Energie?
- Hätten Sie gerne mehr Zeit?
- Spüren Sie, dass bei Ihnen Geister wohnen?
- Haben Sie das Gefühl, dass bei Ihnen zu Hause etwas nicht stimmt?
- Wohnen Sie in einem unfreundlichen Haus?
- Waren die Menschen, die vor Ihnen in Ihrem Haus gewohnt haben, unglücklich oder krank oder haben sie sich scheiden lassen?
- Würden Sie gerne ausziehen und schaffen es nicht?
- Brauchen Sie Veränderung, können aber die erforderlichen Schritte nicht tun?
- Brauchen Sie mehr Entspannung in Ihrem Leben?

- Brauchen Sie mehr Platz?
- Klopfen immer wieder Menschen bei Ihnen an, die Ihnen nicht willkommen sind?
- Gibt es in Ihrem Zuhause kaputte Dinge oder solche, die repariert werden müssen?
- Möchten Sie die Qualität Ihres Lebens verbessern?

Fühlen Sie sich von irgendeiner dieser Fragen angesprochen? Wenn ja, dann lesen Sie weiter.

Was können Sie tun?

Wir haben einen Fünf-Punkte-Plan entworfen, mit dessen Hilfe Sie positiven Einfluss auf Ihre Lebensweise nehmen und Farbe und Glanz in Ihr Zuhause und in Ihr direktes Lebensumfeld bringen können. Um Ihr Zuhause zu entgiften, müssen Sie für alles offen sein, das Sie in Ihrem Leben verändern und verbessern wollen. Sie müssen sich außerdem mit Ihrem Zuhause auseinandersetzen, um herauszufinden, was Sie wirklich verändern wollen. Sie müssen die Bereiche identifizieren, die sich einfach nicht richtig anfühlen, auch wenn Sie nicht genau festmachen können, woran das liegt. Denken Sie auch über Bereiche nach, die nicht so sind, wie sie es sein sollten oder mit denen schon bei Ihrem Einzug etwas nicht stimmte. Ziehen Sie alles in Betracht, das Ihnen Probleme bereiten konnte. Die Wohnungsentgiftung kann fast immer Abhilfe schaffen.

Beseitigen Sie Mief mit Feng Shui, ersetzen Sie das Durcheinander durch Ordnung, oder verpassen Sie Schränken und Regalen einfach einen gründlichen Frühjahrsputz.

Passen Sie Ihr Zuhause Ihren Bedürfnissen an, und spüren Sie, wie gut es sich anfühlt, wenn alles am richtigen Platz ist und Sie sich für Ihre Wohnung engagieren. Heißen Sie die guten Geister willkommen, und vertreiben Sie die schlechten Schwingungen – lassen Sie sich von Ihrer Umgebung in Ihrem Bestreben nach Frieden und Harmonie unterstützen.
Die vollständige Wohnungsentgiftung funktioniert auch am Arbeitsplatz. Probieren Sie es aus, und finden Sie heraus, wie gut es tut, Ordnung zu schaffen.

Der Fünf-Punkte-Plan

1. Beseitigen Sie die Unordnung, und bringen Sie die Sechs-Monate-Regel zur Anwendung.
2. Machen Sie einen Frühjahrsputz.
3. Reinigen Sie Ihren Lebensraum.
4. Beseitigen Sie elektromagnetische Felder.
5. Lassen Sie sich von Ihrer Umgebung unterstützen.

1. Beseitigen Sie die Unordnung, und bringen Sie die Sechs-Monate-Regel zur Anwendung

Um Ihr Zuhause einer vollständigen Entgiftung zu unterziehen, müssen Sie es zunächst beurteilen, dann Prioritäten setzen und schließlich alles Überflüssige und allen »Kram« beseitigen. Ungetragene Kleidung, funktionslose oder kaputte Möbel und Küchenutensilien zählen zum »Kram«. Gehen Sie Ihren gesamten Besitz durch, und sortieren Sie die Dinge in »unverzichtbar«, »überflüssig« oder »dazwischen bzw. unschlüssig«.

Viele Wohnungen sind voll gestopft mit Möbeln, Büchern, Schallplatten und Kisten, in denen alte Weihnachtsdekoration, einzelne Knöpfe und Socken, alte Schulbücher, zerbrochenes Spielzeug und Nippes aufbewahrt werden. Die Schränke sind voll mit ungetragenen Klamotten und Schuhen, altmodischen Hüten und Schals. Wir kaufen Neues, um Altes und Verbrauchtes zu ersetzen – das wir dann doch nicht entsorgen.

Jetzt ist der Zeitpunkt gekommen, um alles Unerwünschte zusammenzupacken und zu verschenken, auf dem Flohmarkt zu verkaufen oder einfach wegzuwerfen. Behalten Sie nur, was Sie wirklich behalten wollen, und räumen Sie es zurück in Schubladen, Schränke und Regale – Sie sollten einiges an Platz gewonnen haben. All die Dinge, bei denen Sie sich nicht sicher waren, packen Sie in einen Sack oder Karton, den Sie irgendwo verstauen, wo er nicht im Weg ist. Hier wenden Sie die Sechs-Monate-Regel an: Wenn Sie im nächsten halben Jahr nichts aus dem Sack oder Karton brauchen, dann trennen Sie sich

davon. Viele andere Menschen können von Ihrer Entrümpelung profitieren, und Ihnen nützt es gleichfalls, weil Sie Ihr Zuhause von all den unnützen Dingen befreit haben.
Das gleiche Vorgehen in Ihrem Büro sorgt dafür, dass Ihre Energie in Fluss kommt, Ihr Unternehmen wächst und gedeiht! Ergreifen Sie in Ihrem Arbeitsumfeld die gleichen Maßnahmen wie in Ihrer Privatsphäre. Gehen Sie all Ihre Akten durch, und entfernen Sie alles, was doppelt vorhanden oder nicht mehr erforderlich ist. Sie müssen sich Klarheit darüber verschaffen, welche Unterlagen Sie bei der Art Ihres Unternehmens wirklich aufbewahren und wie weit zurück Sie Vorgänge verfolgen können müssen. Zum Beispiel könnten Sie die Akten laufender Vorgänge »verschlanken«, indem Sie Irrelevantes und Altes in »Archivordnern« ablegen. So werden die Akten übersichtlicher und leichter zugänglich.
Vielleicht möchten Sie auch einen Anfang machen, indem Sie ein Ordnungssystem schaffen. Richten Sie eine Ablage ein, falls Sie nicht bereits eine besitzen. Legen Sie Rechnungen nach dem Datum ab. Führen Sie Buch über Ihre »Portokasse«. Beschriften Sie Ordner so, dass Sie sie nicht herausnehmen, öffnen und alles durchsuchen müssen, um festzustellen, was sie enthalten.
Bringen Sie die Richtlinien des Feng Shui zur Anwendung, indem Sie alles von Ihrem Schreibtisch entfernen, was dort nicht wirklich erforderlich ist. Wer einen unordentlichen Schreibtisch hat, der hat auch ein unordentliches Unternehmen. Und wenn Sie vor lauter Papierstapeln den Tisch nicht mehr sehen, dann können Sie auch keine klaren Vor-

stellungen darüber entwickeln, wie es mit Ihrem Unternehmen in Zukunft weitergehen soll.
Feng Shui zufolge ist es besser, wenn Sie von Ihrem Tisch in den Raum blicken können statt auf eine Wand. Wenn Sie bei der Arbeit auf eine Wand blicken, dann ist Ihnen der Blick auf die Zukunft verstellt und Ihr Vorankommen blockiert.
Entrümpeln Sie Ihre Handtasche und Ihre Aktentasche – selbst solche alltäglichen Gegenstände, die Sie ohne weiteres Nachdenken benutzen, können entgiftet werden. Überprüfen Sie den Inhalt Ihrer Aktentasche und entfernen Sie all die alten Quittungen, Dokumente und ersetzten Sie den kaputten Kugelschreiber durch einen funktionsfähigen. Stecken Sie all das Kleingeld, das lose in der Handtasche oder im Aktenkoffer oder in den Ritzen des Sofas umherirrt, in ein Sparschwein. Beschränken Sie sich in Ihrer Handtasche auf einen oder zwei Lippenstifte, deren Farben Sie wirklich mögen und tragen. Wie schaut es in Ihrem Filofax aus? Tragen Sie noch immer die Notizen vom letzten Monat – oder sogar vom letzten Jahr! – mit sich herum? Sie könnten Sie ordentlich zu Hause ablegen und würden sich viel Mühe beim Suchen nach aktuellen Terminen ersparen.
Selbst kleine Dinge wie Schlüsselringe kann man entgiften. Als ich kürzlich meinen eigenen überprüfte, musste ich feststellen, dass ich drei Schlüssel für ein Büro bei mir trug, in dem ich inzwischen nicht mehr arbeite und das ohnehin neue Schlösser hat.
Denken Sie daran: Sollten Sie im Zweifel darüber sein, ob Sie irgendeinen Gegenstand wirklich brauchen, dann

packen Sie ihn in einen Sack oder in einen Karton und stellen ihn für sechs Monate beiseite. Wenn Sie in dieser Zeit keinen Gedanken auf den Gegenstand verschwenden, dann ist es offensichtlich, dass Sie ihn nicht mehr benötigen und dass er genauso gut jemandem anderen zugute kommen kann. Stellen Sie den Gegenstand, wenn möglich, einer gemeinnützigen Organisation zur Verfügung, und freuen Sie sich an Ihrem entgifteten Zuhause.

2. Machen Sie Frühjahrsputz

Sobald Sie sich von allen überflüssigen oder ungewollten Gegenständen befreit haben, können Sie anfangen sauber zu machen – und ich meine sauber machen in ganz altmodischem Sinn: Ärmel aufkrempeln, Scheuerpulver raus und ran an den Dreck!

Ein kompletter Frühjahrsputz braucht einige Zeit. Abhängig davon, wie groß Ihr Haus, Ihre Wohnung oder Ihr Zimmer ist, könnte er sogar mehrere Tage beanspruchen. Frühjahrsputz heißt, jede Schublade und jeden Schrank öffnen, alles herausräumen und sauber machen. Nicht aufräumen – sauber machen! Aufgeräumt haben Sie bereits, als Sie Altes und Überflüssiges aussortierten. Falls nicht, dann sollten Sie es unbedingt *vor* dem Frühjahrsputz erledigen. Wenn Sie das nicht tun, dann machen Sie zuletzt etwas sauber, was Sie anschließend vielleicht fortwerfen. Punkt 2 kommt immer erst nach Punkt 1!

Sehen Sie sich Ihr Projekt genau an, und stellen Sie fest, wie viel Zeit Sie dafür erübrigen können. Es gibt keine

Regel, die von Ihnen verlangt, das Vorhaben in einem einzigen Durchgang zum Abschluss zu bringen. Sie könnten sich jede Woche ein Zimmer vornehmen oder jeden Abend drei Stunden drangeben, bis der Frühjahrsputz beendet ist. Doch welche Entscheidung Sie auch treffen, bleiben Sie dabei! Denn erst nach dem Frühjahrsputz können Sie zum nächsten Punkt der Wohungsentgiftung übergehen.

Frühjahrsputz im Einzelnen

Hier eine Checkliste für die im Einzelnen erforderlichen Tätigkeiten:

- Schränke ausräumen.
- Fächer auswischen.
- (Einmach-)Gläser und Dosen abwischen.
- Unter den Möbeln Staub saugen.
- Auf Schränken abstauben.
- Wände säubern.
- Türen und Rahmen von Fingerabdrücken befreien.
- Fenster (inklusive Rahmen und Fensterbrett) putzen.
- Spiegel putzen.
- Teppiche ausklopfen.
- Betten abziehen.
- Matratzen ausklopfen.
- Kopfkissen und Decken lüften.
- Wintermäntel in die Reinigung bringen und für den nächsten Winter weghängen oder Sommerkleidung waschen und für den nächsten Sommer forträumen.
- Treppengeländer putzen.
- Messing polieren.

- Türgriffe säubern.
- Fußböden behandeln (Teppichboden shampoonieren, Holzfußböden und Parkett wachsen, Linoleumböden waschen etc.).
- Seifenschalen auswaschen.
- Dusche putzen und entkalken.
- Badewanne putzen und entkalken.
- Badezimmerschrank und Waschbecken putzen.
- Gardinen waschen oder Jalousien abwischen.
- Vorhänge und Möbelbezüge in die Reinigung bringen.
- Fußabstreifer gründlich ausklopfen.

Ziehen Sie jedes Möbelstück vor, putzen Sie dahinter, darauf, darunter, links und rechts davon ... Kurz, tun Sie, was erforderlich ist, um wirklich alles sauber zu bekommen.
Drehen Sie die Musik auf und singen Sie mit. Tanzen Sie durch das Haus, während Sie all dem Dreck zu Leibe rücken und sich vorstellen, wie Sie Schmutz, Staub, Wollmäuse und Abfall aus Ihrem Leben und aus Ihrer Wohnung hinausbefördern.

3. Reinigen Sie Ihren Lebensraum

Nachdem Sie Ihren Frühjahrsputz erledigt haben, ist es an der Zeit, Ihren Lebensraum zu reinigen, zu »klären«. Dies bedeutet, Gebäude, Wohnungen und Räume zu reinigen und neu zu weihen – in physischer und spiritueller Hinsicht.

Die physische Entfernung von Zeug und Krempel haben Sie schon hinter sich. Alte Zeitschriften und Zeitungen, abgelegte Kleider, abgelaufene Nahrungsmittel, überflüssiges Porzellan, verfallene Kosmetikartikel, angebrochene Medikamentenpackungen, »Erinnerungsstücke«, von denen Sie sich nicht trennen können und so fort gehören zu dem Zeug und Krempel. Wenn Sie die Sechs-Monate-Regel aus Punkt 1 und den Frühjahrsputz aus Punkt 2 abgehakt haben, dann sollten diese Dinge kein Problem mehr für Sie darstellen.

Anders verhält es sich mit der spirituellen Reinigung. Hier geht es um die Entfernung abgestandener, stagnierter, negativer Energie oder die Entfernung beziehungsweise Anerkennung von energetischen Entitäten (Geister). Diese negative oder abgestandene Energie kann vielerlei Ursprung haben: unbenutzte Räume, halb volle Fotoalben, geliebten Menschen nie mitgeteilte Gedanken, nicht ausgesprochene und gehörte Entschuldigungen, versäumte Geständnisse, ein nicht beigelegter Streit ...

Es gibt ein paar einfache Reinigungstechniken, die Sie bei sich zu Hause anwenden können. Sie können auch einen Heiler oder anderen Praktiker engagieren, um Ihr Zuhause zu reinigen. Doch zunächst sollten Sie sich selbst daranmachen – so können Sie sehen, welchen Unterschied Sie schon mit ein paar einfachen Techniken bewirken können.

Beginnen Sie mit der Wohnungsreinigung, indem Sie sich vor Augen führen, dass Sie nicht das ganze Haus über Nacht auf den Kopf stellen können. Raumklärung muss gründlich und systematisch erfolgen – der Vorgang sollte ebenso geordnet und energisch ablaufen, wie Ihr Haus nach der Reinigung sein sollte. Fangen Sie mit dem Zimmer an, in dem Sie die meiste Zeit verbringen. Dadurch werden Sie rasch spüren, welchen Gewinn diese Arbeit für Sie mit sich bringt. Sobald Sie das Zimmer ausgewählt haben – z.B. das Wohnzimmer –, fangen Sie an.

Physische Reinigung

Auch wenn Sie schon ausgemistet und geputzt haben – jeden Tag sammelt sich wieder Überflüssiges in der Wohnung an. Beginnen Sie also mit der physischen Reinigung. Wahrscheinlich werden Sie auf den ersten Blick die Dinge erkennen, die in die Mülltonne gehören: Abfall, veraltete Illustrierte, Verpackungsmaterial, der Inhalt des Papierkorbs.
Der nächste Schritt besteht darin, alle Gegenstände in dem Zimmer anzusehen und zu entscheiden, ob Sie sie wirklich brauchen oder dort haben wollen. Damit will ich nicht sagen, dass ein Zimmer so leer wie möglich sein soll. Vielleicht fühlen Sie sich umgeben von vielen Möbelstücken wohl. Sie sollen lediglich dafür sorgen, dass Sie allein von nützlichen, praktischen oder schönen Gegenständen umgeben sind.
Sobald Sie alles Überflüssige aus dem Zimmer entfernt haben, müssen Sie darangehen, es zu putzen. Ziehen Sie alle Möbel vor, saugen Sie Staub hinter allem und beseitigen Sie den Staub, der sich auf dem Regal und auf den Rahmen Ihrer kostbaren Rembrandts gesammelt hat. Polieren Sie alle Oberflächen, und putzen Sie die Fenster. Reinigen Sie

den Telefonhörer, und entfernen Sie tote Blätter und Blüten von Ihren Zimmerpflanzen. Entfernen Sie die Krümel und Münzen aus den Ritzen der Sitzmöbel, und schütteln Sie die Kissen auf.

Sorgen Sie dafür, dass das Zimmer genauso aussieht, wie Sie es gerne antreffen würden, wenn Sie nach einem langen, schweren Arbeitstag nach Hause kommen – einladend und Entspannung verheißend.

Spirituelle Reinigung

Sie können die Räume mit Glocken und Schellen, ätherischen Ölen, Blüten und Blütenblättern reinigen. Wenn das Wetter es zulässt, dann sollten Sie die Fenster öffnen, damit die Luft im Zimmer in Bewegung kommt. Zusätzlich können Sie Räucherwerk oder Kerzen verwenden, um die Energiezirkulation zu fördern. Stellen Sie alles bereit, was Sie für die Reinigung verwenden möchten.

- Tragen Sie lockere, bequeme Kleidung, und begegnen Sie Ihrer Aufgabe entspannt. Sie müssen für die Schwingungen, die Ihre Räume Ihnen schicken, empfänglich sein.
- Wandern Sie durch das Zimmer, und spüren Sie jeden einzelnen Bereich. Identifizieren Sie die Bereiche, die sich kalt und flach anfühlen, und jene, die eine warme und kraftvolle Schwingung haben.
- Gehen Sie umher, und klatschen Sie in allen Ecken und Winkeln laut in die Hände, um stagnierte Energie zu ver-

treiben und aktive Energie zu verbreiten. Klatschen Sie oben und unten.

- Verstreuen Sie Blütenblätter, oder versprühen Sie in Wasser verdünnte ätherische Öle. Läuten Sie in den dunkelsten Ecken und an den höchsten Punkten eine Glocke und tragen Sie frische, lebendige Energie in jeden Winkel und in jede Ritze. Zünden Sie Kerzen an, um die Luft in Bewegung zu bringen.
- Schreiten Sie die äußeren Grenzen des Raumes ab, und »massieren« Sie die neue Energie wie mit einer einladenden Handbewegung ein. Sobald Sie dies erledigt haben, sollte die Energie gleichmäßig verteilt, gereinigt und erfrischt sein.
- Räumen Sie die Utensilien fort. Stellen Sie fest, wie sich der Raum nun anfühlt und wie das Erreichte auf Sie wirkt.

Danach nehmen Sie sich alle übrigen Zimmer im Haus vor und gehen dabei wie beschrieben vor: Zuerst reinigen Sie die Zimmer physisch von überflüssigen Dingen und Schmutz, darauf folgt die energetische Reinigung.

4. Beseitigen Sie elektromagnetische Felder

Nun, da Ihr Zuhause entgiftet ist, Ihre Zimmer sauber und geklärt sind, können Sie sich daranmachen, schädliche Schwingungen zu bezwingen.
Die technische Entwicklung hat enorm zur Befreiung unseres Lebens beigetragen. Wir treten über das Handy in

Kontakt mit Menschen, wo immer sie auch sind. Wir garen unsere Mahlzeiten in der Mikrowelle in einem Bruchteil der Zeit, die wir für konventionelles Kochen bräuchten. Der Fernseher versorgt uns mit all den Nachrichten und all der Unterhaltung, die wir für einen Abend brauchen. Wenn wir uns zum Schlafen hinlegen, dann können wir uns in ein von einer elektrischen Decke vorgewärmtes Bett kuscheln. Unser Radiowecker weckt uns am nächsten Morgen wunschgemäß, wir duschen und trocknen unsere Haare mit Föhn und elektrischer Rundbürste.

Das Leben könnte kaum bequemer sein, doch diese Bequemlichkeit ist nicht umsonst zu haben. All dies trägt dazu bei, dass es immer mehr elektromagnetische Felder um uns herum gibt. Auch die Sonne und die Erde selbst produzieren elektromagnetische Felder, doch unsere Generation wird 150 Millionen Mal mehr mit elektromagnetischen Signalen bombardiert als noch unsere Großeltern.

Oft sind uns diese Einflüsse nicht bewusst, doch wenn Sie zum Beispiel in der Nähe einer elektrischen Hochspannungsleitung vorbeifahren, ruft das Verzerrungen im Radio hervor. Oder aber Sie stellen das Radio in unmittelbarer Nähe des Föhns an, und Sie werden sich gleichfalls über den gestörten Sender ärgern müssen. Wir sind überall und Tag für Tag elektromagnetischen Feldern ausgesetzt.

Aber verursachen diese wirklich Schäden, oder ist das wieder nur eine von der Presse aufgebauschte Geschichte? Die Forschung ist bisher zu keinem eindeutigen Ergebnis gekommen. Tatsache ist, dass die elektromagnetischen Felder unseren Körper beeinflussen. Also könnten sie womöglich auch Krankheiten verursachen. Roger Coghill ist ein führender Experte in Sachen Elektrosmog und hält in England regelmäßig Vorträge zum Thema. Er vertritt die Auffassung, dass unser Körper sein eigenes elektromagnetisches Feld besitzt, das im Zusammenhang mit Wachstum, Heilung und Zellwachstum steht, und dass die elektrischen Felder von Maschinen und Telefonen, von Mikrowellen und anderen Geräten sich nachteilig auf die persönlichen Frequenzen auswirken. Coghills Forschung hat ergeben, dass es der Wechselstrom in den magnetischen Feldern ist, der uns schadet, und dieser Wechselstrom ist immer dann vorhanden, wenn wir ein Gerät einstecken oder wenn es vollständig aufgeladen ist.

Es wird für möglich gehalten, dass Krankheiten wie chronisches Erschöpfungssyndrom, Kopfschmerzen und manche Krebsarten auf die Unfähigkeit unseres Körpers zurückzuführen sind, sich gegenüber diesen elektromagnetischen Feldern abzugrenzen. Manche Wissenschaftler sind außerdem der Meinung, dass Elektrosmog unser Immunsystem beeinträchtigt.

Es gibt viele Vorkehrungen, die Sie treffen können, um sich vor unnötigem Einfluss durch elektromagnetische Felder zu schützen. Roger Coghill geht davon aus, dass wir einen kurzzeitigen Einfluss ohne weiteres verkraften, doch wir sollten uns davor schützen, längere Zeit elektromagnetischen Feldern ausgesetzt zu sein. Auch wenn die Forschung bislang noch nicht nachzuweisen konnte, dass eine längere Beeinflussung durch elektromagnetische Felder Schäden hervorruft, sollten wir alles tun, um potenzielle Störungen gering zu halten.

Forschungsberichten sind die folgenden Vorschläge zu entnehmen:

- Langzeitbeeinflussung durch Strahlung kann vor allem dann stattfinden, wenn Sie sich lange Zeit an ein und demselben Fleck aufhalten: nachts, wenn Sie ca. sieben Stunden lang schlafen, ist dies am wahrscheinlichsten. Wenn Sie neben einem Radiowecker schlafen, dann setzten Sie sich ausgerechnet in der Zeit, in der Ihr Körper all seine Kraft zur Reparatur von Zellen und für die Regeneration braucht, elektromagnetischen Feldern aus. Allgemein wird dazu geraten, das Radio mindestens ein bis anderthalb Meter vom Schläfer entfernt aufzustellen. Oder aber Sie kehren zurück zum guten alten einfachen Wecker.
- Wer auf einer elektrischen Heizdecke schläft, der schläft praktisch in einem elektrischen Feld. Auch dann, wenn Sie Heizdecke über Nacht abstellen, liegen Sie noch immer auf einem Gitternetz aus Metall, das Ihr eigenes elektrisches Feld stört. Entfernen Sie die Heizdecke, und beschaffen Sie sich lieber eine wärmeres Federbett oder wärmen Sie Ihr Bett mit einer Wärmflasche vor.
- Handys sind noch sehr umstritten. Ihre Strahlen sollen angeblich direkt auf das Gehirn einwirken. Wenn Sie auf Ihr Handy wirklich nicht verzichten können, dann sollten Sie sich eine Schutzhülle dafür besorgen.
- Leider hatten unsere Eltern schon immer Recht damit: Sitzen Sie nicht zu dicht vor dem Fernseher. Da wir vor keinem anderen Haushaltsgegenstand so viel Zeit

verbringen, sollten wir einen Abstand von mindestens anderthalb Metern einhalten. Fernsehbildschirme strahlen negative Ionen ab.

- Computerbildschirme sind ebenfalls eine Quelle negativer Ionen. Halten Sie also einen Abstand von mindestens einem halben Meter ein, und machen Sie regelmäßig Pausen. Ein Ionenumwandler kann nützlich sein, da er die Atmosphäre reinigt und ins Gleichgewicht bringt. Solche Geräte werden in Drogeriefachmärkten oder in Bioläden angeboten. Wenn Sie viel mit elektronischen Apparaten arbeiten, dann spüren Sie den Unterschied bereits nach ein paar Tagen.
- Ein abschließendes Urteil über die Mikrowelle steht noch aus, obwohl allgemein empfohlen wird, sich nicht in unmittelbarer Nähe des Geräts aufzuhalten, sobald es eingeschaltet ist, und die erwärmten Speisen erst einen Augenblick stehen zu lassen, bevor man zu essen beginnt. Sie können Ihre Mikrowelle überprüfen, indem Sie ein Radio in ihre unmittelbare Nähe halten, nachdem sie eingeschaltet ist. Treten irgendwelche Störungen auf, dann gelangt elektromagnetische Strahlung nach außen, und das Gerät muss repariert oder ersetzt werden.

Wie immer sich zuletzt die Sachlage auch darstellt, es ist sicher nicht falsch, sich elektromagnetischen Strahlen so wenig wie möglich auszusetzen.

5. Lassen Sie sich von Ihrer Umgebung unterstützen

Nachdem Sie Ihren unmittelbaren Lebensraum nun in jeder nur denkbaren Hinsicht gereinigt haben, können Sie ihn jetzt so einrichten, dass er Sie unterstützt.
Warum sollten wir unser Zuhause nicht so gestalten, dass es uns Gesundheit, Wohlstand und Glück schenkt und zugleich unserer Vorstellung von modernem Design entspricht? Im Grunde tun wir dies automatisch: Wir investieren viel Geld in unsere Wohnung. Wir wählen Farben, die wir mögen, wir entscheiden uns für ein Haus anhand des Anblicks, den es uns von der Einfahrt her bietet, wir legen Zimmer zusammen oder bauen an. Wir gestalten unsere Gärten so, dass sie optisch den besten Eindruck und zugleich wenig Arbeit machen, wir suchen in den Antiquitätenläden nach dem ultimativen Schirmständer ... Wir gestalten unsere Wohnung nach unseren persönlichen Ansprüchen und unserem Geschmack.
Die Chinesen richten sich bei der Gestaltung ihrer nächsten Umgebung nach den Regeln des Feng Shui. Diese sind inzwischen auch im Westen bekannt, denn die meisten Menschen haben das Bedürfnis, so viel wie möglich aus ihren Wohnungen zu machen. Außerdem messen wir heute Gesundheit, Glück und Wohlstand immer mehr Bedeutung bei. Feng Shui unterstützt den Wunsch, Lebensraum zum Wohl aller Bewohner zu gestalten.
Derek Walters, der Autor von »Die Kunst des Wohnens«, sagt: »Feng Shui ist eine Philosophie chinesischen Ursprungs, die davon ausgeht, dass die Konfigurationen der

Erde die Angelegenheiten der Menschen beeinflussen, die zwischen ihnen leben.«

Die beiden Zeichen »Feng« und »Shui« bedeuten wörtlich »Wind« und »Wasser«. Dies ist bereits als Hinweis zu verstehen, dass Feng Shui sich mehr für irdische als für spirituelle Einflüsse interessiert. Feng Shui ist keine Religion oder Kunst; Feng Shui ist eine Wissenschaft. Sie befolgt strenge Regeln und enthält neben der übergeordneten Philosophie viele, viele praktische Hilfsmittel, Techniken und Übungen.

Einfach ausgedrückt, geht es im Feng Shui darum, Ihnen einerseits alle nur möglichen positiven Energien zugänglich zu machen, diese zu bewahren und optimal zu nutzen, und andererseits alle negativen Energien aus Ihrem Leben hinauszuschleusen. Die Aufrechterhaltung eines konstanten, blockadefreien Flusses guter Energie verschafft Ihnen Gesundheit, Wohlstand und Glück.

Im Feng Shui gibt es viele verschiedene Schulen, und es wäre anmaßend, wenn ich Ihnen vorschreiben wollte, für welche dieser Schule Sie sich entscheiden müssen. Ich kann Ihnen nur raten, sich zu informieren und nach Ihrem Gefühl zu gehen. Es gibt inzwischen eine Unmenge an Büchern und Zeitschriften zum Thema, die Ihnen einen Überblick bieten und anhand derer Sie einige Maßnahmen selbst ergreifen können. Doch am besten sollen Sie sich von einem Feng-Shui-Meister beraten lassen. Das ist zwar nicht billig, doch wenn Sie einen erfahrenen Meister finden, werden Sie bald feststellen, dass das Ergebnis die Investition wert ist.

Während Sie noch darüber nachdenken, ob Sie Feng Shui einen Platz in Ihrem Leben einräumen sollen oder nicht,

können Sie ein paar einfache Schritte tun, die Ihnen vielleicht den letzten Anstoß geben.
Wie ich bereits erwähnt habe, hat Feng Shui sehr viel mit Energiefluss zu tun. Damit Energie fließen kann, müssen alle Blockaden und Hindernisse aus dem Weg geschafft werden. Alles, was Energie bremsen und einsperren oder umleiten oder aus irgendeinem Bereich Ihrer Wohnung aussperren könnte, muss korrigiert werden. Das Gleiche gilt für alles, was Energie zu sehr beschleunigt. Erwünscht ist ein gleichmäßiger Fluss.
Stellen Sie sich vor Ihr Haus auf die Straße mit Blick auf die Eingangstür, und malen Sie sich aus, Sie seien die positive Energie. Blicken Sie sich um, und stellen Sie fest, ob es irgendetwas in der Nähe gibt, was Ihnen den leichten Zugang zu Ihrem Haus verbietet. Steht ein Baum unmittelbar vor Ihrer Eingangstür? Ist Ihre Eingangstür alt und schmutzig? Ist die Auffahrt lang und wie ein Trichter, so dass die Energie zu stark beschleunigt wird und die Tür ihr nicht gewachsen ist? Oder ist die Auffahrt gerade lang genug, damit die Energie bis zur Tür gelangt und dort darauf wartet, hineinzugelangen?
Ist die Eingangstür funktionstüchtig oder klemmt sie? Lassen Sie sie reparieren. Eröffnet Ihr Eingangsbereich Ihnen Zugang zum gesamten Haus? Oder ist eine Mauer im Weg, die den Fluss blockiert? Befindet sich im Eingangsbereich eine Tür, die Sie nie benutzen oder die Sie mit einem Möbelstück zugestellt haben? Wenn ja, dann beseitigen Sie die Blockade, öffnen Sie die Tür, und sorgen Sie für freien Energiefluss.
Haben Sie Spiegel, die einander gegenüber hängen? Eine

Regel des Feng Shui besagt, dass dieser Zustand den Energiefluss stört, weil Energie zwischen den Spiegeln sinnlos hin und her schnellt. Hängen Sie die Spiegel anders auf, damit durch sie Energie gleichmäßig in alle Bereiche des Hauses gelenkt wird.

Alle Türen sollten sich in die jeweiligen Räume hinein öffnen und nicht nach außen in den Eingangsbereich. Auf diese Weise betreten Sie einen Raum mit dem natürlichen Fluss. Überprüfen Sie, ob die Hintertür nicht verstellt ist und sich nach außen öffnet. So kann die Energie, die ins Haus gelangt und dort verbraucht wurde, ungehindert nach draußen strömen. Jedoch darf sich die Vordertür nicht in einer Linie mit der Hintertür befinden, sonst gelangt Energie zwar durch die Vordertür ins Haus, entflieht aber sogleich wieder durch die Hintertür, ohne Gelegenheit zu haben, alle Räume gleichmäßig zu erfüllen und ihre positive Wirkung zu tun.

Sobald Sie den Spaziergang durch Ihr Haus abgeschlossen haben, werden Sie ein besseres Bild von der Dynamik in Ihrem Haus haben und vielleicht einige Veränderungen vornehmen, um den Energiefluss zu optimieren. Damit erfüllen Sie bereits ein paar grundlegende Voraussetzungen, um Feng Shui in Ihr Leben einzubauen und zu nutzen. Sie haben Ihr Zuhause von negativen Energien entgiftet und fördern die positiven Energien. Ausgezeichnet!

6 Die Beziehungsentgiftung

Partner, Freunde und Familienangehörige spielen eine sehr wichtige Rolle in unserem Leben: Manchmal machen sie uns glücklich, und manchmal bereiten sie uns die Hölle auf Erden. Mit dem einen verbringt man viele Stunden und fühlt sich wunderbar, mit einem anderen telefoniert man nur fünf Minuten und möchte am liebsten platzen. Das Beziehungsentgiftungsprogramm hilft Ihnen, Ihre Beziehungen zu untersuchen, damit Sie herausfinden, wie Sie das Beste aus ihnen machen und sie fördern können, und ob Sie einen Kontakt vielleicht mal eine Zeit lang ruhen lassen sollten. Auch die Beziehung, die wir zu uns selbst haben, ist von großer Bedeutung – solange wir uns selbst nicht gut und mit Respekt behandeln und uns selbst nicht fördern, wird uns dies bei anderen auch nicht gelingen. Erst wenn wir selbst Erfüllung gefunden haben, haben wir anderen wirklich etwas zu geben. Wenn wir ausgepumpt und müde sind, dann müssen wir uns erst einmal um uns selbst kümmern, damit wir unsere ursprüngliche Energie wiedererlangen. Das Beziehungsentgiftungsprogramm hilft Ihnen, sich selbst zu analysieren und auf dieser Grundlage Ihre Beziehungen genau anzuschauen: die Stärken, Schwächen, Chancen und Gefahren.

Sich selbst kennen lernen

Es gibt eine Methode, die hervorragend geeignet ist, um einen genaueren Blick auf sein Leben zu werfen: die SSCG-Analyse. Die Abkürzung steht für Schwächen, Stärken, Chancen und Gefahren. Alle Aspekte des Lebens lassen sich unter diesen vier Überschriften zusammenfassen. Die SSCG-Analyse kann äußerst klärend sein und Sie auf Dinge aufmerksam machen, mit denen Sie sich unter anderen Umständen gar nicht weiter befasst hätten. Indem sie Ihnen deutlich macht, was für Sie wichtig ist und was nicht, bringt die SSCG-Analyse Sie auf Ihrem Weg ein gutes Stück voran.
Sie können die SSCG-Analyse auf alle Bereiche Ihres Lebens anwenden, und so finden Sie rasch heraus, um welche Sie sich mehr kümmern müssen. Sie müssen absolut aufrichtig sein! Ihre SSCG-Analyse geht niemanden etwas an außer Ihnen. In welcher Situation Sie sich momentan auch befinden – ohne sich aller Aspekte bewusst zu sein, können Sie Ihr Leben nicht wirkungsvoll entgiften. Es ist unverzichtbar, absolut alles zu berücksichtigen, gut und schlecht, freundlich und gemein.

Die persönliche SSCG-Analyse

Es folgt ein Beispiel für eine SSCG-Analyse. Dies ist gleichzeitig eine Anleitung, wie Sie bei Ihrer eigenen Analyse vorgehen. Sie besteht aus vier Fragen, die Sie offen und ehrlich beantworten müssen. Lassen Sie sich Zeit dafür!

Welche Stärken haben Sie?

Was sind die Dinge, in denen Sie gut sind? Welches sind Lebenssituationen und Dinge, mit denen Sie selbst zufrieden sind? Die Liste mag sich ändern, aber Ihre jeweiligen Stärken sind Ihre Grundlage, sie geben Ihnen Kraft und Selbstvertrauen. Sie machen einen Teil Ihres Charakters aus und bestimmten Ihr Handeln.

- Ich habe Freude an meiner Arbeit.
- Ich komme in den meisten Situationen zurecht.
- Ich habe eine glückliche, stabile Beziehung und Familie.
- Ich bin kreativ.
- Ich kann mich für viele verschiedene Dinge interessieren.
- Ich habe zahllose Freunde.
- Ich mag Veränderungen.
- Ich führe ein überwiegend gutes Leben.

Welche Schwächen haben Sie?

Hierbei handelt es sich um die Dinge, die Ihnen keinen Spaß machen oder die in emotionaler oder physischer Hinsicht schlecht für Sie sind. Um Dinge, die Sie in Ihrem Leben zwar tun, obwohl Sie sie besser lassen würden. Einiges davon ließe sich in Stärken verwandeln, nachdem Sie sich mit ihnen auseinandergesetzt haben.

- Ich arbeite nicht gerne an Sachen, die mich nicht interessieren.
- Seit Sarah fortgezogen ist, habe ich keine beste Freundin mehr, bei der ich mich ausheulen kann.

- Ich habe Schuldgefühle, wenn ich die Kinder bei der Tagesmutter zurücklasse, um arbeiten zu gehen.
- Ich brauche Anerkennung.
- Es fällt mir schwer, die Zeit dafür zu finden, um mit meinem Partner allein und ohne die Kinder zusammen zu sein.
- Ich kann nicht mit Kritik umgehen – schon gar nicht, wenn sie von meinem neuen Chef kommt.
- Es fällt mir schwer, um Hilfe zu bitten.
- Ich brauche es, mich an vielen Fronten gleichzeitig zu engagieren.
- Mir wird leicht etwas langweilig.
- Ich beklage mich viel.
- Ich habe manchmal Stimmungsschwankungen.

Welche Chancen haben Sie?

Es gibt Dinge, die Ihnen nutzen oder die Sie weiter voranbringen würden, wenn Sie die Zeit hätten oder die Entschlossenheit aufbrächten, sich mit ihnen ernsthaft auseinander zu setzen. Gemeint sind gute Dinge, zu denen Sie nur noch keinen Zugang gefunden haben.

- Beförderung suchen.
- Mich im Ausland weiterbilden.
- Neue Produkte für das Unternehmen entwickeln.
- Die Zeit finden, um in privater wie in beruflicher Hinsicht Neues in mein Leben einzubringen.
- Mehr Kinder haben.
- Eine neue beste Freundin finden.

Welche Gefahren drohen Ihnen?

Dies sind die Dinge, vor denen Sie sich wirklich in Acht nehmen müssen. Schwächen sind nicht so gefährlich, weil man sie, wenn man etwas Zeit und Nachdenken investiert, in der Regel in Stärken umwandeln kann. Doch wirkliche Gefahren sind etwas, wovor Sie auf der Hut sein müssen. Sie müssen ihnen rechtzeitig Einhalt gebieten, sie aus dem Weg räumen oder verhindern. Aktives Arbeiten an Gefahren ist sehr wichtig, damit Sie nicht unter ihnen leiden müssen.

- Ich bin körperlich nicht fit.
- Meine Kinder überfordern mich.
- Ich habe keine beste Freundin.
- Ich verliere das Interesse an meiner Arbeit, weil sie den Reiz des Neuen eingebüßt hat.
- Ich mache mir Sorgen um meine Gesundheit.
- Ich brauche mehr konkrete Unterstützung von den Menschen in meinem direkten Umfeld.
- Ich langweile mich leicht.
- Ich kann meinen neuen Chef nicht ausstehen.
- Ich kann von der Bank keine Hilfe erwarten.
- Ich bin in Geldschwierigkeiten.

Sobald Sie sich einer SSCG-Analyse unterzogen haben, verfügen Sie über alle Stücke in Ihrem Puzzle und können beginnen, es zusammenzusetzen. Sie besitzen nun die folgenden Informationen:

- Auf welchen Stärken Sie aufbauen können.
- Welchen Schwächen Sie entgegenwirken müssen.

- Aus welchen Chancen Sie Kapital schlagen können.
- Vor welchen Gefahren Sie sich hüten müssen.

Allein die Tatsache, dass Sie diese Fragen beantworten konnten, zeigt, dass Sie Ihr Leben als Ganzes bereits durchdacht haben – viele Menschen tun das nie. Nun müssen Sie sich damit auseinander setzen, dass die Aspekte Ihres Lebens sich gegenseitig beeinflussen könnten, und sehen Sie sich die Bereiche an, in denen Sie etwas ändern müssen, bevor sie zum Problem werden.
Das ist Ihre Gelegenheit, Probleme anzugehen, die Sie bisher unter der Rubrik »Da kann man eben nichts machen« oder »Eines Tages werde ich das schon ändern« abgelegt haben. Wer sich selbst analysiert, hat eine gute Ausgangsbasis, um die Beziehungen zu anderen Menschen zu durchleuchten.

Familiäres, soziales und persönliches Leben entgiften

Sie haben nun herausgefunden, wie es Ihnen wirklich geht, was Sie denken, was sich in Ihrem Leben gut, schlecht oder indifferent anfühlt. Fühlen Sie sich unterstützt oder ausgepowert? Wachsen und entwickeln Sie sich, oder ist in Ihrem Leben alles zum Stillstand gekommen? Bei der Beantwortung der Fragen geht es nur um Sie selbst. Das Bild, das dabei herauskommt, ist die Grundlage für die Beziehungsentgiftung.
Die folgenden drei »Aufgaben« widmen sich den wichtigs-

ten Beziehungen, die wir Menschen haben: Familie, Freunde und Lebenspartner bzw. engste Beziehung. Betrachten Sie diese Kontakte mit Hilfe der SSCG-Analyse. Seien Sie gespannt auf die Ergebnisse und die Möglichkeiten, die sich Ihnen bieten.

Aufgabe 1: Analysieren Sie Ihr Familienleben

Ihre Familie ist Ihre Herkunft, dort haben Sie Ihre Wurzeln. Zwischen Ihnen und Ihrer Familie muss nicht unbedingt Blutsverwandtschaft bestehen. Viele Menschen sind in einer Adoptiv- oder Pflegefamilie aufgewachsen. Im Rahmen des Beziehungsentgiftungsprogramms sind die Personen entscheidend, von denen Sie aufgezogen wurden, oder die Personen, die Sie selbst aufziehen – Ihre eigenen Kinder.

Die Familie kann fördern und unterstützen; das Zusammensein mit den einzelnen Mitgliedern kann Spaß machen und gesellig sein, von Vertrauen und Verständnis geprägt sein. Aber genauso gut kann die Familie ein Albtraum sein!

Vielleicht denken Sie darüber nach, eine eigene Familie zu gründen, und haben Vorstellungen davon, wie sie aussehen soll. Möglicherweise haben Sie Zweifel, ob Sie dazu in der Lage sind, einer Familie eine richtige Stütze zu sein, oder Sie zweifeln an Ihrer Begabung für die Mutter- oder Vaterrolle.

Wenn Sie eine wunderbare Kindheit hatten, dann meinen Sie eventuell, dass es Ihnen niemals gelingen wird, derart ideale Verhältnisse für Ihr eigenes Kind zu schaffen. Dies mag Sie an Ihrer Fähigkeit zweifeln lassen, überhaupt die Verantwortung für Kinder übernehmen zu können. Darüber müssen Sie genauer nachdenken, und Sie sollten sich fragen, ob Sie nicht ein wenig zu streng mit sich ins Gericht gehen. Wenn Sie auf eine unglückliche Kindheit zurückblicken, dann wollen Sie vielleicht unbedingt beweisen, dass Ihre Kinder alles bekommen, was sie sich nur wünschen können, und auch das ist nicht unbedingt eine realistische Anforderung an sich selbst.

Wir neigen dazu, unsere Rollen in der Familie zu akzeptieren, weil uns gar nichts anderes übrig bleibt. Wir sind in unsere Familie hineingeboren und unsere Kinder uns geschenkt worden. Wir haben keine Wahl – wir bekommen, was uns zugeteilt wurde. Doch wenn Sie Ihre Familie einer SSCG-Analyse unterziehen, können Sie zumindest einiges in die richtige Perspektive rücken. Eventuell entdecken Sie Bereiche, in denen Sie etwas verbessern können, oder die Analyse macht Ihnen deutlich, wie gut der Zusammenhalt in Ihrer Familie ist.

Stärken

- Soziale Anlässe, die verbinden.
- Geschwister, mit denen man Dinge besprechen kann.
- Familiengeschichte, die Kontinuität vermittelt.
- Empfinden, einer größeren Gruppe anzugehören.
- Wachsende Familie und Befriedigung darüber.
- Bedingungslose Liebe durch die Eltern.
- Vorprogrammierte Freunde.
- Die eigenen Kinder geben diese Werte weiter.

Schwächen

- Dem Vergleich mit den Geschwistern standhalten müssen.
- Die Beziehung aufrechterhalten müssen, selbst wenn man wütend auf sie ist.
- Egoismus, der die eigene Familiengründung verhindert.
- Nicht genug Zeit haben, die man der Familie widmen kann.
- An die Familie erst zuletzt denken, weil sie immer da ist.

Chancen

- Familienfeste zu bestimmten Anlässen.
- Jederzeit abrufbare Informationen zu Erziehungsfragen.
- Eigene Kinder von dem Gelernten profitieren lassen.
- Zuverlässiger und immer bereitwilliger Babysitterdienst.
- Befriedigung, Geschwister und Eltern wachsen und sich verändern sehen.
- Familienmitgliedern kann man Dinge anvertrauen, die man anderen nicht sagen würde.
- Ältere Familienmitglieder haben vermutlich das bereits durchgestanden, was man gerade selbst durchmacht.

Gefahren

- Streit bei Fragen, in denen man sich nicht einigen kann.
- Keine eigenen Kinder haben können.
- Schwierige Kinder haben.
- Nicht jedes Mitglied der Familie gleichermaßen mögen.
- Die Partner der Familienmitglieder nicht immer mögen.

Die SSCG-Analyse der Familie könnte sich endlos fortsetzen, je nachdem, wie groß Ihre Familie ist, ob Sie eine eigene Familie haben oder auch planen, Kinder zu bekommen. Familien-SSCG-Analysen können sehr lustig und sehr schwierig sein.

Einer Sache können Sie sich absolut gewiss sein: Ihrer Familie bleiben Sie auf Gedeih und Verderben ausgeliefert. Aus diesem Grund ist es wirklich hilfreich, die Familienangelegenheiten umfassend vor sich auszubreiten. So können kleine Probleme, die wie die sprichwörtliche Mücke zum Elefanten angewachsen sind, objektiv betrachtet und bisher unterschätzte große Probleme erkannt und angegangen werden.

Falls Sie ins Auge fassen, eine eigene Familie zu gründen, stoßen Sie vielleicht auf viele weitere Stärken, die Sie bisher nicht in Betracht gezogen hatten. Oder aber Sie stellen fest, dass Schwächen und Gefahren lauern, wenn Sie zum Beispiel von mehreren vollkommenen Kindern träumen, die zum rechten Zeitpunkt schlafen und glucksen.

Ein gesundes Gleichgewicht aus Stärken und Schwächen, Chancen und Gefahren innerhalb der eigenen Familie herzustellen ist wichtig, weil es Ihnen all das bewusst macht, was Sie wissen müssen, um mit Ihrer Familie für alle Zeiten in Frieden beisammen leben zu können.

Aufgabe 2: Analysieren Sie Ihr Sozialleben

Wenn Sie sich in einer Paarbeziehung befinden und von Ihrem Partner schlecht behandelt werden oder nicht ausreichend gewürdigt fühlen, dann bekommen Sie nicht selten den Rat, »die Sache zu beenden, bevor alles nur noch schlimmer wird«. Im Allgemeinen hält man Sie für töricht, wenn Sie nicht sofort zur Tat schreiten.

Doch wenn das Gleiche in einer Freundschaftsbeziehung geschieht, dann scheint dieser Rat plötzlich keine Gültigkeit mehr zu haben. Um Ihr Leben von unerwünschten und unproduktiven Beziehungen zu befreien, sollten Sie bei so genannten Freunden den gleichen Maßstab anlegen. Eine SSCG-Analyse im Hinblick auf Ihre Freunde wird Ihnen helfen zu entscheiden, ob die Freundin, die Ihnen schon immer Schwierigkeiten und Kummer bereitet hat, auf den Bekanntschaftenstatus zurückgestuft werden soll.

Gute Freunde begleiten Sie in den schönsten, aber auch in den schrecklichsten Zeiten. Mit einer Freundin können Sie eine Beziehung aufbauen, die Ihnen alle Unterstützung gewährt, die Sie je im Leben brauchen. Mit dieser Freundin teilen Sie Glück und Leid, mit ihr gehen Sie bummeln, mit ihr tun Sie auch manchmal absolut nichts, bei ihr beklagen Sie sich nach Herzenslust und ihr teilen Sie »es« als Erstes mit.

Wenn Sie gute Freunde haben und selbst ein guter Freund sind, dann brauchen Sie wenig mehr.

Dann sind da die Freunde, auf die nichts von alledem zutrifft, die Sie aussaugen und immer nehmen, ohne je etwas zurückzugeben. Wir alle nehmen von unseren Freunden, doch wenn nicht irgendwann einmal Ausgleich geschaffen wird, indem man selbst gibt, dann wird die Beziehung einseitig. Es kann sogar so weit kommen, dass sie Ihrer Gesundheit und Ihrem Glück schadet.

Von dieser Art Freunde dürfen Sie sich getrost verabschieden, oder wenigstens sollten Sie sich bewusst machen, was sie Ihnen antun können. Und Sie müssen sich vor den Nachteilen einer solchen Beziehung schützen, damit Sie sich auf ihre guten Seiten konzentrieren können.

Es kann schwierig sein, den Freundeskreis einer SSCG-Analyse zu unterziehen; es reicht nicht aus, einfach unter den Kategorien Stärken, Schwächen, Chancen und Gefahren ein paar Namen aufzuführen. Um Ihre Freunde wirklich richtig einzuschätzen, müssen Sie eine SSCG-Analyse von Ihren Bedürfnissen im Hinblick auf Ihre Freunde und Bekannten erstellen. Machen Sie eine Analyse dessen, was Sie der Freundschaft geben und nehmen, und stellen Sie dann fest, wer den Kriterien standhält, die Sie selbst erfüllen, und wer letztlich in keine der vier Kategorien passt.

Diese SSCG-Analyse zeigt Ihnen, welche Art Freund Sie selbst sind, und welche Art Freunde Sie haben. Auf dieser Basis können Sie entscheiden, ob Sie alles beim Alten belassen oder etwas verändern wollen.

Stärken

- Unterstützend in Notsituationen.
- Kann bedingungslose Freundschaft geben.
- Genieße es, viele Menschen um mich zu haben.
- Recht positiv.
- Bereit zu helfen.
- Recht tolerant.
- Nicht leicht zu schockieren.

Schwächen

- Nehme Kritik nicht leicht.
- Kann Absagen im letzten Augenblick nicht leiden.
- Rede viel über mich.
- Versuche immer, in meinem Spektrum vergleichbare Erfahrungen zu finden.
- Möchte gemocht werden.
- Sage andauernd jedem Hilfe zu.
- Verbringe Zeit mit X, ohne sie recht zu mögen.

Chancen

- Schließe leicht Freundschaften.
- Kann lernen, Kritik besser zu ertragen.
- Kann zuhören lernen.

Gefahren

- Neige dazu, neuen Bekanntschaften gegenüber erst ablehnend zu sein.
- Mag es nicht, dauernd neue Leute kennen zu lernen.
- Vertraue nicht immer meinem Instinkt – versuche im Zweifelsfall positiv zu entscheiden.

Sobald Sie Ihre SSCG-Analyse im Hinblick auf Ihren Freundeskreis zum Abschluss gebracht haben, können Sie sich ein Bild davon machen, in welcher Hinsicht Ihre Freunde Ihre Bedürfnisse erfüllen und umgekehrt. Vielleicht wird offensichtlich, dass es Menschen in Ihrem Leben gibt, die nirgends so recht hineinpassen, und deren SSCG-Analyse Ihnen zeigt, dass sie immer im Ungleichgewicht mit Ihnen selbst sind. Sie saugen Sie mental aus, rufen nur an, wenn sie selbst reden wollen, und finden kein anderes Thema als sich selbst.

Sie müssen nun eine Entscheidung darüber treffen, wie es weitergehen soll. Eventuell kommen Sie zu dem schweren Entschluss, eine bestimmte Person, die Ihnen so viel Schaden zufügt und Sie nichts als runterzieht, nie mehr anzurufen. Es ist gut möglich, dass Sie das Ende einer solchen Beziehung als Erlösung empfinden – ein Mensch mit einer negativen Grundeinstellung hat aufgehört, Einfluss auf Ihr Leben zu nehmen.

Andererseits finden Sie möglicherweise zu der Auffassung, dass Sie einige Ihrer Freunde viel häufiger sehen sollten, weil Sie wirklich gut mit ihnen auskommen und sich gegenseitig anspornen und aufmuntern. Sie müssen nicht unbedingt ideal zu Ihnen passen, doch wenn sie etwa ein Gegengewicht zu Ihren eigenen negativen Punkten bilden, dann können Sie sich gegenseitig bei Ihrer persönlichen Entwicklung helfen, indem Sie mehr Zeit miteinander verbringen.

Es mag Freunde geben, die ideal zu Ihnen passen. Ziehen Sie dies in Betracht, und überlegen Sie, wie Sie einander fördern können. Falls Sie beispielsweise bisher nicht bemerkt hatten, dass diese Freunde gute Zuhörer sind, dann öffnen Sie sich nun mehr, und stellen Sie fest, welche Veränderungen dies mit sich bringt.

Ihre SSCG-Analyse könnte Sie auch darauf hinweisen, dass Sie eine Freundin haben, die Sie vollkommen irre macht. Nun wissen Sie wenigstens, warum das so ist – vermutlich steht diese Person, mit dem, was sie in die Beziehung einbringt, im absoluten Gegensatz zu Ihnen. Das ist eine großartige Erkenntnis, die Ihnen hilft, das Besondere an dieser Beziehung zu verstehen und Ihre Schlüsse daraus zu ziehen. Sie werden einander niemals verändern, doch Ihre ungewöhnliche Freundschaft wird Ihnen nun viel einleuchtender erscheinen.

Erhalten Sie keine Freundschaft aufrecht, die Ihnen schadet oder Sie verletzt – von einer wirklichen Freundschaft kann da keine Rede sein. Nutzen Sie also die Gelegenheit, Ihre Situation zu verändern und die Zeit, die Sie mit einem »falschen Freund« verbringen, nach und nach zu reduzieren.

Aufgabe 3: Analysieren Sie Ihre persönlichste Beziehung

Dies ist die Beziehung zu dem Menschen, der Ihnen am nächsten steht – das kann Ihr Partner sein oder aber Ihre beste Freundin. Die SSCG-Analyse Ihrer persönlichsten Beziehung wird stark jener von Ihrem Freundeskreis ähneln. Beide Beziehungsarten erfordern ähnliche Qualitäten, denn Freundschaft ist auch in einer Paarbeziehung das wichtigste Element.

Wenn Ihre Partnerschaft gut funktioniert, dann finden Sie die SSCG-Analyse wahrscheinlich überflüssig. Machen Sie sie jedoch trotzdem, denn vielleicht gibt es ja noch Raum für Verbesserung, oder es kommen Dinge ans Licht, die Ihnen noch nicht bewusst waren. Möglicherweise stellen Sie fest, dass Sie noch stärker zu der Beziehung beitragen können oder dass Sie Ihren Partner zu sehr als selbstverständlich ansehen. Investieren Sie ein wenig mehr und finden Sie heraus, wie wunderbar sich das anfühlt! Betrachten Sie die SSCG-Analyse nicht ausschließlich aus Ihrer Perspektive. Wenn Sie sie aus der Perspektive des anderen ansehen, dann können Sie manche Überraschung erleben.

Beziehungen sind wunderbar, wenn sie gut funktionieren – sie sind erfüllend, belebend, befriedigend, befreiend, lehrreich und noch viel mehr. Wenn sie nicht funktionieren, dann können sie einfach schrecklich sein. Sie frustrieren, verletzen, ärgern Sie – und schaden Ihrer Gesundheit.

Meistens erhalten wir schlechte Beziehungen länger aufrecht, als vernünftig ist. Wir warten darauf, dass sich etwas ändert, ohne selbst viel dazu beizutragen. Oder aber wir legen uns unheimlich ins Zeug, um die Beziehung zu retten, und unsere Manöver zeigen dennoch nicht die gewünschten Resultate.

Zuerst einmal müssen Sie wissen, welche Erwartungen Sie an eine Beziehung haben. Wenn Ihnen das nicht klar ist, wie können Sie dann wissen, ob die Beziehung gut ist oder nicht?

Die SSCG-Analyse Ihrer persönlichsten Beziehung ist keine Wunschliste von Eigenschaften, die der ideale Partner Ihrer Meinung nach haben sollte. Sie will Ihnen bewusst machen, in welche Richtung sich ein äußerst wichtiger Bereich in Ihrem Leben entwickelt beziehungsweise entwickeln sollte. Die SSCG-Analyse will Ihnen nicht die Entschuldigung dafür liefern, um aus einer Beziehung fortzulaufen, nur weil sie im Augenblick gerade einmal nicht nach Plan verläuft. Sie gibt Ihnen vielmehr die einzigartige Chance, sich ein genaues Bild vom Status quo Ihrer Beziehung zu machen, auf dieser Basis darüber zu befinden, ob Sie zufrieden damit sind oder nicht, und Ihre nächsten Schritte zu planen.

Stärken

- Ich liebe meinen Partner.
- Er erwidert meine Gefühle.
- Wir funktionieren als Team.
- Wir unternehmen viel miteinander.
- Ich glaube, wir haben eine gemeinsame Zukunft.
- Wir tun Dinge gerne zusammen.
- Gemeinsam sind wir stärker als jeder für sich.

Schwächen

- Ich habe weniger Zeit für meine Freunde.
- Wir haben nicht die gleichen Hobbys.
- Im Hinblick auf Essen haben wir einen unterschiedlichen Geschmack.
- Wir sind manchmal zu selbstzufrieden.
- Ich nörgle zu viel.
- Ich mache den Großteil der Hausarbeit.

Chancen

- Wir könnten noch viel mehr zusammen unternehmen.
- Wir könnten den Rest des Lebens miteinander verbringen.
- Wir könnten einige gemeinsame Interessen entwickeln.
- Ich könnte von meinem Partner lernen.

- Ich könnte mir Unterstützung und Hilfe bei meinem Partner holen.
- Mein Partner könnte mir helfen, mein Selbstvertrauen aufzubauen, damit ich Herausforderungen besser begegne.

Gefahren

- Einander nicht ausreichend zu schätzen zu wissen.
- Erforderliche Veränderungen zu lange hinauszögern.
- Sich nur noch in eingefahrenen Gleisen bewegen.
- Einander keine Überraschungen mehr bieten.
- Einander nicht mehr um des Plauderns willen anrufen.
- Einander nicht an den jeweiligen Alltagsereignissen teilhaben lassen.
- Einander nicht genug Raum lassen.
- Nicht darauf achten, dass wir auch wirklich etwas Sinnvolles mit der gemeinsamen Zeit anfangen.

Nachdem Sie Ihre persönlichste Beziehung einer SSCG-Anlayse unterzogen haben, sollten Sie Veränderungen und Verbesserungen in Erwägung ziehen, die Sie *beide* vornehmen können. Wenn Sie nur Dinge finden, die Ihr Partner verändern muss, dann sollten Sie zum Abschnitt »Gefahren« in Ihrer SSCG-Analyse zurückkehren und hinzufügen, dass Sie zur Rechthaberei neigen. Das ist eine echte Gefahr, denn wenn Sie tatsächlich glauben, allein im Recht zu sein, dann machen Sie sich etwas vor. Und falls Sie sich doch nichts vormachen, dann müssen Sie an anderer Stelle ein paar Punkte unterschlagen haben.

Vielleicht gibt es Dinge, die für mehr Gleichgewicht in

allen Bereichen Ihrer Beziehung sorgen. Dann wieder mögen Aspekte vorhanden sein, bei denen Sie beide etwas investieren müssen, um Ihre Beziehung zu verbessern. Möglicherweise möchten Sie darüber mit Ihrem Partner sprechen. Bewegen Sie ihn dazu, eine eigene SSCG-Analyse vorzunehmen. Dann nehmen Sie sich die Zeit, seine und Ihre gemeinsam durchzugehen. Man kann es nie wissen – es gibt immer Dinge oder Angewohnheiten, mit denen man seinen Partner unwissentlich und unbeabsichtigt wahnsinnig macht.
Möglicherweise gibt es Dinge, die unterschwellig an Ihnen beiden nagen. Und mit dem ein oder anderen Thema könnten Sie sich auseinander setzen und so Abhilfe schaffen, noch bevor es zum Problem wird. Jetzt haben Sie die Gelegenheit, einander unter gleichen Bedingungen gegenüberzutreten.

Analysieren Sie sich selbst und entgiften Sie all Ihre Beziehungen! Wenn Sie schon herausgefunden haben, dass Sie auch weiterhin mit den anderen arbeiten, verreisen, Feste feiern, spielen und leben wollen, dann sind die Beziehungen es wert, Zeit zu investieren und die Dinge zu stabilisieren oder zum Besseren zu wenden.

Anhang

Nahrungsmittelliste für das Ernährungsprogramm

Obst – frisch und getrocknet

Äpfel	Himbeeren	Papayas
Ananas	Kirschen	Pfirsiche
Aprikosen	Kiwis	Pflaumen
Birnen	Limonen	Quitten
Brombeeren	Litschis	Preiselbeeren
Datteln	Mangos	Reineclauden
Erdbeeren	Melonen	Rhabarber
Feigen	Maracuja	Rosinen
Granatäpfel	Maulbeeren	Stachelbeeren
Grapefruits	Nektarinen	Weintrauben
Guaven	Oliven	Zitronen
Heidelbeeren	(grün/schwarz)	

Gemüse

Artischocken	Gurken	Petersilie
Auberginen	Kartoffeln	Radieschen
Blumenkohl	Knollensellerie	Rettich
Bohnen (grüne,	Kohl (Rot-,	Rosenkohl

Stangen-, Sau-, weiße, Mungo-, Kidney)	Wirsing-, Grün-, Spitz-)	Rote Bete
Bohnensprossen	Kohlrabi	Salat (alle Sorten)
Brokkoli	Kürbis	Sellerie
Brunnenkresse	Lauch	Spargel
Chicorée	Mais	Steckrüben
Chinakohl	Möhren	Süßkartoffeln
Erbsen	Okraschoten	Yamswurzel
Fenchel	Paprika	Zucchini
	Pastinaken	Zwiebeln

Nüsse

Cashewnüsse	Macadamianüsse	Pecanüsse
Esskastanien	Mandeln	Pinienkerne
Haselnüsse	Paranüsse	Walnüsse

Hülsenfrüchte, Körner, Kräuter und Gewürze

Basilikum	Kardamomschoten	Rosmarin
Cayennepfeffer	Kichererbsen	Salbei
Chilipulver	Koriander	Sesam
Chilischoten	Kürbiskerne	Sonnenblumenkerne
Dill	Luzerne	Thymian
Estragon	Majoran	
Fenchel	Petersilie	
Ingwer (frisch und gemahlen)	Pfeffer (frisch und gemahlen)	

Kuhmilchfreie Milchprodukte

Reismilch	Schafsmilch	Ziegenkäse
Schafsjoghurt	Sojamilch	Ziegenmilch
Schafskäse	Ziegenjoghurt	

Fisch

Aal	Kabeljau	Sardine
Forelle	Krabben	Scampi
Garnelen	Krebse	Schellfisch
Heilbutt	Lachs	Scholle
Hering	Makrele	Seezunge
Hummer	Rochen	Tunfisch

Getränke

Wasser (heiß, kalt, mit Kohlensäure, Quell- und Leitungswasser)
Kräutertees (alle)
Zitronensaft in Wasser
Honig in Wasser
Säfte (frisch gepresst, unverdünnt und ungesüßt, Apfel oder Trauben oder jegliches zu Saft verarbeitetes Obst/Gemüse)

Hinweis

Wenn Sie fertige Säfte kaufen, dann nehmen Sie frisch gepresste statt jene aus Konzentrat – Angaben hierzu finden

Sie auf der Flasche. Sollte Ihnen der Geschmack des Saftes zu stark sein, dann können Sie ihn nach Belieben mit Wasser verdünnen.

Sonstiges

Olivenöl	Miso	Vollkornreis
Sesamöl	Senfsaat	Reiswaffeln
Traubenkernöl	(nicht Pulver)	(ungesalzen)
Walnussöl	Tahin	Meeresalgen
Apfelessig	Quinoa	
Balsamessig	Tofu	

Tahin ist eine Sesampaste und in den meisten Reformhäusern und Bioläden erhältlich. Es gibt »helles« Tahin aus geschältem Sesam oder »dunkles« aus ungeschältem. Achten Sie darauf, dass es ungesalzen ist.

Was Sie keinesfalls zu sich nehmen dürfen

Avocados	Zu viel Stärke und Fett
Bananen	Zu viel Stärke und Fett
Brot	Das in Getreide enthaltene Gluten kann Verdauungsbeschwerden verursachen
Erdnüsse	Zu viel Stärke und Fett
Koffein	Chemisches Stimulans

Kuhmilchprodukte	Laktose (Milchzucker) kann Verdauungsbeschwerden verursachen
Linsen	Zu viel Gas
Orangen	Zu sauer
Pilze	Zu schwer verdaulich
Salz	Zu viel Salz verursacht Kaliummangel und Wassersucht
Schokolade	Zu viel Zucker und Fett
Spinat	Zu sauer
Tomaten	Zu sauer
Zucker	Beeinträchtigt Blutzuckerspiegel und löst Hungersignale aus

Aromatherapie zur Selbstbehandlung

Inhalation mit ätherischen Ölen

Die Verwendung ätherischer Öle zur Inhalation ist eine ausgezeichnete Methode, vor allem um Symptome bei Erkältungskrankheiten zu lindern. Bei Erkältungen und Husten bringt sie schnell Erleichterung, da sie direkt auf die Atemwege wirkt.

Bringen Sie Wasser zum Kochen, und geben Sie es in eine große Schüssel. Fügen Sie zwei bis drei Tropfen Ihres gewünschten Öls hinzu – Lösungsmittel oder Basisöle sind bei Inhalationen nicht erforderlich, da das Öl mit Ihrer Haut nicht in direkte Berührung kommt. Beugen Sie Ihren Kopf über die Schüssel und legen Sie ein großes Handtuch über Kopf und Schultern.

Atmen Sie langsam durch die Nase ein und durch den Mund aus. Bringen Sie Ihr Gesicht dabei möglichst nahe an die Wasseroberfläche. Inhalieren Sie etwa fünf Minuten lang oder so lange es Ihnen angenehm ist. Dann heben Sie den Kopf und atmen wieder die normale kühle Luft.

Inhalieren können Sie auch, indem Sie zwei bis drei Tropfen auf ein altes Taschentuch geben (ätherische Öle könnten den Stoff verfärben). Halten Sie das Tuch vor Ihre Nase oder Ihren Mund und spüren Sie die Wirkung. Achten Sie darauf, dass das Tuch die Haut nicht berührt, da die enthaltenen Öle Hautirritationen verursachen können.

Kompressen mit ätherischen Ölen

Manchmal braucht man nichts als eine Wärmflasche, um sich zu beruhigen, Schmerzen zu lindern oder einfach nur um ein Bedürfnis nach Wärme und Trost zu befriedigen. In der Aromatherapie kommen in einer solchen Situation Kompressen zur Anwendung.

Hierzu müssen Sie eine große Schüssel mit handwarmem Wasser füllen, zwei bis drei Tropfen des gewählten ätherischen Öls hinzugeben und ein paar Minuten lang ein großes Stück Baumwolltuch darin einweichen. Dann wringen Sie das Tuch aus und falten es so zusammen, dass es den gewünschten Bereich bedeckt oder aber ein Quadrat von 15 mal 15 Zentimetern ergibt. Geben Sie zwei weitere Tropfen Ihres Öls direkt auf die Kompresse (es wird sich in der feuchten Baumwolle auflösen und verteilen) und halten Sie sie dann auf den schmerzenden Bereich. Sie können die Kompresse dort so lange belassen, bis sie sich abgekühlt hat und, wenn Sie wollen, den Prozess dann wiederholen.

Da das ätherische Öl in einer Kompresse direkt auf lindernde und entspannende Weise zum Einsatz kommt, ist es ideal bei Menstruationsbeschwerden, Kopfschmerzen und Fieber. Sie können sie aber auch bei allen nur denkbaren anderen Gründen anwenden: Zur Entspannung eignet sich zum Beispiel eine Kompresse mit Lavendel und Ylang Ylang. Nach fünf Minuten sind Sie ein neuer Mensch!

Ätherische Öle und Duftlampen

Über Duftlampen werden ätherische Öle im ganzen Raum verteilt. Somit sind sie ausgezeichnet geeignet, um von ätherischen Ölen zu profitieren, während Sie Ihren Alltagsangelegenheiten nachgehen. Doch Vorsicht: In der Anwesenheit von Kindern unter fünf Jahren dürfen Sie ätherische Öle in Duftlampen nicht verwenden!

Die Schale der Duftlampe sollte groß genug sein, um 120 Milliliter Wasser zu fassen. Ist sie größer, dann dauert es zu lang, das Wasser zu erhitzen; ist sie kleiner, trocknet sie aus, noch bevor das Teelicht verbraucht ist.

Füllen Sie die Schale mit Wasser, zünden Sie das Teelicht darunter an und geben dann vier bis fünf Tropfen Aromaöl auf die Wasseroberfläche. Ein paar Tropfen genügen, da der entstehende Wasserdampf das Öl im gesamten Raum verteilt. Sollten Sie Kopfschmerzen bekommen, dann geben Sie einfach noch etwas mehr Wasser in die Schale oder löschen die Kerze.

Im Handel gibt es auch Duftlampen, in denen das Öl trocken, das heißt ohne Zugabe von Wasser, verbrannt werden kann. Sie bestehen aus einem Terrakottaring, der an einer Glühbirne befestigt wird, oder aus einer elektrisch beheizten Porzellanplatte. Hier müssen Sie lediglich ein paar Tropfen des ätherischen Öls auf die beheizte Fläche geben. Die Hitze setzt die Duftstoffe frei. Man kann diese Geräte kontrollieren, indem man sie ausstellt oder den Terrakottaring von der Hitzequelle entfernt.

Ätherische Öle für die Entgiftung

Heutzutage sind unendlich viele ätherische Öle erhältlich. Die nachfolgende Liste nennt die Öle, die im Rahmen einer Entgiftung besonders wirkungsvoll sind.

- *Wacholderöl* wirkt adstringierend, antiseptisch und entgiftend. Es aktiviert die Blutzirkulation, wirkt harntreibend und sorgt dadurch für die Ausscheidung von Giften über den Urin. Wacholder beschleunigt den Stoffwechsel und damit die Entgiftung. Als »reinigendes« Öl zeigt Wacholder sowohl auf der körperlichen wie auf der emotionalen Ebene Wirkung, er entgiftet Körper und Geist gleichermaßen.
- *Fenchelöl* wirkt verdauungsfördernd und stärkt außerdem die Peristaltik (die Kontraktionsfähigkeit der muskulösen Hohlorgane etwa von Magen und Darm). Es wirkt harntreibend, seine antiseptische Wirkung kommt im Harntrakt und in den Nieren zum Tragen, wo das Öl während der Entgiftung ein günstiges Umfeld schafft und vor unerwünschten Bakterien schützt. Fenchel wirkt allgemein belebend, fördert den Blutkreislauf und den Abtransport von Giften und Rückstände aus dem Körper.
- *Rosmarinöl* ist eines der besten Allroundöle. Es ist großartig, um Unausgeglichenheit und düstere Stimmungen

zu bekämpfen. Es wirkt wunderbar stimulierend auf das zentrale Nervensystem und den übrigen Körper und ist einer der besten natürlichen Stimmungsaufheller. Rosmarin stärkt Herz, Haut, Nieren, Milz und Blut; das Öl stimuliert die Blutzirkulation und wirkt gegen zu niedrigen Blutdruck. Achtung: Bei Epilepsie darf Rosmarin nicht zur Anwendung kommen.

- *Zitronengrasöl* reinigt und erfrischt. Mit seiner Würze regt es die Verdauung an und schafft Erleichterung bci nervösen Magenbeschwerden. Es unterstützt die Entgiftung des Körpers, wirkt antiseptisch und antibakteriell.
- *Minze* kommt als Heilmittel bei Verdauungsbeschwerden zur Anwendung und hilft dem Magen, der Leber und dem Darm. Das Öl schafft Erleichterung bei aller Anstrengung, die im Verlauf der Entgiftung Darm und Magen abverlangt wird, und mindert Blähungen. Minze regt außerdem den Verstand an. Weil sie kühlend und entspannend wirkt, ist sie häufiger Bestandteil von Magenmitteln sowie von kühlendem Fußbalsam.
- *Kiefer* eignet sich am besten für Inhalationen und für Duftlampen. Kiefernöl erfrischt und muntert auf. Es wirkt stimulierend auf den Blutkreislauf und löst den im Verlauf der Entgiftung sich möglicherweise bildenden Schleim auf.
- *Basilikumöl* stimuliert das Gehirn und belebt den Geist. Es kommt außerdem bei Magenbeschwerden zum Einsatz und hilft dem Verdauungstrakt während der Entgiftung. Das Öl steigert das Selbstvertrauen, mehrt die Energie und kräftigt den Blutkreislauf. Da es sehr stark ist, muss es sparsam eingesetzt werden.

Die nachfolgenden Öle unterstützen die Entgiftung gleichfalls, doch eignen sie sich eher für die Reinigung des Geistes.

- *Rose* ist eines der teuersten, aber auch der erstaunlichsten und magischsten Öle. Rosenöl hat entzündungshemmende Eigenschaften und wirkt wunderbar bei prämenstruellem Syndrom, Anorexie, Magenkrämpfen und bei Selbsthass. Dieses Öl zu verwenden heißt sich wirklich verwöhnen. Es ist unglaublich nützlich.
- *Geranium* bringt alles ins Gleichgewicht. Wenn Sie aufgedreht sind, dann beruhigt es Sie, und wenn Sie niedergeschlagen sind, dann wirkt es aufmunternd. Ideal bei hormonellem Ungleichgewicht, bei Depression und Stimmungsschwankungen allgemein.
- *Eukalyptus* tötet alle nur bekannten Bakterien, auch im übertragenen Sinne. Wenn Sie also niedergeschlagen sind, dann nutzen Sie dieses Öl und spüren Sie, wie es hilft. Es stimuliert und belebt.
- *Kamille* entspannt Körper und Geist und wirkt beruhigend. Es hilft Ihnen, in der Nacht durchzuschlafen, damit Sie Ihre Entgiftung am nächsten Tag tatkräftig weiterführen können.

Säfte und Shakes für die Wochenendentgiftung

Für Säfte verwendet man lediglich den Saft einer Reihe von Früchten und/oder Gemüse. Shakes hingegen können eine Kombination aus Früchten mit Joghurt, Speiseeis, Sahne

oder irgendeinem anderen Dickungsmittel wie Fruchtmark oder Sojamilch sein.
Die Zubereitung von Säften sowie von Shakes ist sehr einfach. Sie müssen nur ein paar Regeln beachten, ansonsten können Sie Ihrer Fantasie freien Lauf lassen.

- Waschen Sie grundsätzlich alles Obst und Gemüse, bevor Sie es weiter verarbeiten.
- Achten Sie darauf, dass das Obst und Gemüse frisch und reif ist.
- Mischen Sie pro Getränk nicht mehr als zwei oder drei Obst- oder Gemüsesorten.
- Reinigen Sie Ihren Mixer nach jedem Gebrauch.

Folgende Hinweise helfen Ihnen, leckere und abwechslungsreiche Säfte und Shakes zu produzieren:

- Mischen Sie gefrorene Früchte mit Speiseeis oder gefrorenem Joghurt, dann erhalten Sie einen schmackhaften gefrorenen Shake.
- Frucht- oder Gemüsesorten, die sehr wasserhaltig sind und eine dünne Schale haben, können einfach in den Mixer gegeben werden. Bei Bedarf werden Sie vorher entkernt. Mixen Sie, so fein es Ihnen schmeckt – ganz glatt oder mit Fruchtstückchen. Die Haut beziehungsweise Schale etwa von Weintrauben, Pfirsichen, Erdbeeren, Äpfeln, Johannisbeeren, Birnen, von Sellerie, Möhren oder Gurken trägt zum charakteristischen Geschmack bei und erhöht den Nährwert des Saftes.
- Für dickere Säfte geben Sie Biojoghurt oder Frucht-

joghurt hinzu. Fügen Sie den Joghurt nach und nach bei, um die richtige Mischung zu erzielen.

- Dickschalige Früchte oder ballaststoffreichere Gemüse (zum Beispiel Orangen, Grapefruit, Zitronen, Limonen, Rote Bete, Brunnenkresse oder Spinat) müssen vor dem Pürieren gepellt werden. Dies ist nicht erforderlich, wenn sie in einer Saftzentrifuge verarbeitet werden, diese entzieht dem Obst oder Gemüse die Flüssigkeit durch starke Drehbewegung.
- Geben Sie musartige Obst- oder Gemüsesäfte dünneren Säften bei, um sie trinkbarer und dem Verdauungsprozess zuträglicher zu machen.

Zum Mixen geeignet

Folgende Obst- und Gemüsesorten können Sie bedenkenlos mischen und kombinieren.

Früchte	Gemüse
Äpfel	Brunnenkresse
Ananas	Gurke
Birnen	Ingwer – nur wenig für den
Erdbeeren	Geschmack
Grapefruit	Möhren
Melonen	Rote Bete
Pfirsiche	Sellerie
Pflaumen	
Schwarze Johannisbeeren	
Weintrauben	
Zitronen	